Kool!

Werk van Anna Enquist bij De Arbeiderspers:

Soldatenliederen (1991, gedichten)
Jachtscènes (1992, gedichten)
Een nieuw afscheid (1994, gedichten)
Het meesterstuk (1994, roman)
Klaarlichte dag (1996, gedichten)
Een avond in mei (1996, tekst herdenkingstoespraak 4 mei)
Het geheim (1997, roman)
De kwetsuur (1999, verhalen)
De gedichten 1991-2000 (2000)
De tweede helft (2000, gedichten)
met Ivo Janssen: *Tussen boven- en onderstem* (2001, cd)
idem: *De erfenis van meneer De Leon* (2002, cd)
idem: *Kom dichterbij* (2002, cd)
Hier was vuur (2002, gedichten)
De ijsdragers (2002, Boekenweekgeschenk)
De sprong (2003, vijf monologen)
De tussentijd (2004, gedichten)
De thuiskomst (2005, roman)
Alle gedichten (2005)
met Ivo Janssen: *Lawines van steen* (2006, cd)
Kerstmis in februari (2007, gedichten)
Contrapunt (2008, roman)
Nieuws van nergens (2010, gedichten)
Twaalf keer tucht (2011, monologen en portretten)
met Ivo Janssen: *De uittocht* (2011, cd)
De verdovers (2011, roman)
Kool! (2012)

Anna Enquist

Kool!

Alles over voetbal

Uitgeverij De Arbeiderspers

Utrecht · Amsterdam · Antwerpen

Omslag: Marjo Starink
Omslagillustratie: © Plainpicture/fStop
Foto's binnenwerk: © VI Images, tenzij anders aangegeven
Illustratie pagina 8: © Wouter Widlund, 1982

ISBN 978 90 295 8608 5 / NUR 303, 489

www.arbeiderspers.nl
www.annaenquist.nl

Inhoud

1 Op het veld

Het bot kraakte en brak. Er stond wind
over het veld, tegen elf jongens blies
de bries van zondag, hijgden zware mannen.

De rechthoek van gras lag in dijken tussen
een zee van glas. De jongens waren vers
en pas begonnen, wat wisten zij van mist,

van polderwoede, wraak van uitgezogen
land. Stampende benen doen de aarde
schudden. Botsing. Val. De kudde steigert

en wordt stil. Zes vrienden dragen
onze zoon het gras af. Wij volgen
langzaam wadend, drenkelingen, wiegend

in een onbegrepen maat. Zij wijken weg
en staren. In de wedstrijd valt een wak.

Onder de naakte lampen weten wij:
het kraakte; zegt de dokter: ja, het brak.

Als een bloem in een vijver is het eiland naar de waterspiegel gegroeid. Wij gaan wonen op het eindpunt van een stengel die aan de zeebodem is ontsproten; tussen rotsblokken en ruige waterplanten is hij maand na maand omhoog gerezen. Nu komen wij. Nu komen schepen, beladen met rood-witgestreepte dekens en metalen etensbakken. Nu komt de werklijst, in de aktetas van meneer Morra. De naam van mijn vader staat op die lijst: Beuling, Pieter, dijkwerker, Ned. Herv., gehuwd.

Meneer Morra klemt de tas met zijn onderarmen tegen de borst als hij over de smalle loopplank de sleepboot verlaat. Dan staat hij op de grond, de nieuwe grond, en kijkt om zich heen. Land is meteen land als je je voeten erop zet. Stom. Sinds ik hier ben, droom ik dat de stengel breekt en het eiland in zee zijgt. Ik voel dat mijn bed scheefzakt, gillend roetst mijn zus Kettie uit het bed boven mij, ik zie haar pyjamabenen door de lucht schieten, haar hoofd knalt tegen de muur en ik ben wakker. Dan voel ik voorzichtig in de ruimte tussen de matras en de zijkant van het bed. Mijn vingers strelen het karton waar het portret op staat. Het portret van Faas.

Je mag niet zomaar op het eiland gaan wonen. Je wordt gekeurd. Ik was nog te klein om er iets van te snappen, maar Kettie had het door. Ze moest de thee binnenbrengen in de mooie kamer waar moeder met een vreemde vrouw in de fluwelen stoelen zat. We hadden onze zondagse kleren moeten aantrekken, het was dinsdag, mijn bloes was nog niet eens droog en moeder stond blazend achter de strijkplank, de haren piekten in haar ogen. 'Onzin, voor zo'n mens,' mompelde ze. Ze kamde me hardhandig, met water.

'We gaan verhuizen,' fluisterde Kettie toen ze terugkwam in de keuken. 'Naar een plek waar niets is. Geen school. Niet eens een straat. Ze schrijft alles op over ons. Het is midden op zee. Of ik kon zwemmen vroeg ze.' Kettie snoof. Misschien loog ze, zei ze maar wat. Voor we naar het eiland kwamen pestte ze mij altijd.

Samen met de goedgekeurde mensen wonen we in de barak. Elk gezin heeft een kamer met bedden. De kast deel ik met Kettie. Moeder hoeft niet te koken, dat doet Piet IJspeert in de kantine. Als hij klaar is, blaast hij op een scheepstoeter en ga ik ons eten halen in een ijzeren bak. We zitten op de onderste bedden met ons bord op schoot. Heel vaak ligt moeder overdag op mijn bed. Ik hoop dat ze het portret niet vindt.

Het gaat hier om de vaders. Wij zijn er zomaar, omdat we niet achtergelaten konden worden. De vaders zijn hier expres. De baggeraars kwamen als eersten, om met hun baggermolens diepe sleuven te graven ver onder het water. Druipend worden de bakken omhoog gehesen en kieperen om in het ruim. De baggeraars komen nooit aan land, ze slapen in hun boten. Als het zaterdag is, varen ze weg, behalve Wiebes vader, die woont in een woonboot die Bever heet en aangemeerd ligt langs ons eiland. De dijkwerkers zijn de mannen om wie het gaat. Elke dag bouwen zij een stukje aan de dijken die ons ooit met het vasteland zullen verbinden. Nu lijkt ons eiland een spin met steeds langere poten, naar Harderwijk, naar Edam, naar Vollenhove. Steeds vroeger moeten de vaders weg om op tijd bij hun dijkstuk te komen, en steeds later komen ze 's avonds thuis. Staande op de uiterste punten van de spinnenpoten wanen ze zich op volle zee. Een stormvlaag, een vloedgolf en ze spartelen in het water. Er wordt altijd gewerkt. In de kantine tekent meneer Morra op zijn grote kaart de stukken in die overdag gemaakt zijn. Boven aan de kaart staat een schuine streep: de Afsluitdijk. Sinds die er ligt heet het water IJsselmeer, maar iedereen hier praat nog over de Zuiderzee.

Zeker de rijswerkers. Als ze al praten. Aan het verste eind van het eiland vlechten ze van wilgentenen enorme matten, die daarna naar het nieuwste dijkstuk worden gesleept en met karrenvrachten puin tot zinken worden gebracht. De rijswerkers dragen platte zwarte petten en gaan met niemand om. Ze wonen op zichzelf in de ene houten barak die is blijven staan toen de stenen behuizing gebouwd werd. Ze mochten net als wij in het stenen kamp, maar ze wilden niet. Arie en ik besluipen hen soms. 's Morgens in het donker dalen ze af van de dijk, poepen tussen de basaltblokken en maken hun gezichten nat met water. Wat ze tegen elkaar zeggen verstaan we niet. Ze houden niet van het kampeten. Als ze op zondagavond met de sleper uit Vollenhove komen, hebben ze elk een pan met vlees bij zich. Daaruit eten ze de hele week. Ze dragen scherpe messen om het rijshout mee bij te punten en hun eigen aardappels mee te schillen.

De eerste tijd heb ik alleen maar verdriet. Er is niets wat ik ken: geen sloot met kikkervisjes, geen brug, geen voetbalclub. Niet eens een boom. Ik heb niets te doen de hele dag. Er lopen een paar kleine kinderen rond, gekleed in broeken met galgjes. Kettie zit altijd te lezen en moeder gaat rusten in mijn bed. Geen vliegen tegen de ramen. Altijd wind. Dan komt Arie. Hij draagt rubberlaarzen en heeft Faas Wilkes in het echt gezien. Aries ouders krijgen een eigen huisje; zijn vader is kapper en zijn moeder verhandelt schoonheidsmiddelen. Arie heeft een lippenstift van haar gejat om aan Kettie te geven. Mijn zus laat het cadeau achteloos in haar zak glijden. Ze heeft ook geen lippen van betekenis.

Aan mij geeft hij het portret, ik mag het houden. Ik wou dat ik zo'n trui met strepen had, zo'n Xerxestrui als Faas aan heeft. Ik kijk in het spiegeltje dat tussen de bedden aan de muur hangt en kam mijn haar naar achteren met een natgemaakte kam zodat het donker lijkt, bijna zo zwart als dat van Faas. Ik kijk mezelf aan, een beetje van onderaf, met licht gebogen hoofd. Met pikzwarte ogen. Ik lijk op hem.

Arie en ik vissen met zelfgemaakte hengels. We gaan op rattenjacht, we lokken de dieren met broodkorsten de dijk op en beschieten ze dan meedogenloos met stenen kogels uit een katapult. Achter de rijswerkersbarak begint een piketpaaltje uit te lopen. Nu is er een boom op het eiland.

Arie wordt elf en krijgt van zijn ouders een voetbal, een echte, met een veter. Voor hun huis staat hij de bal hoog te houden, drie tikjes en de bal stuitert weg, twee keer koppen en Arie valt om. 'Ga weg daar,' zegt zijn moeder, 'straks breek je m'n ruiten. Wég.' We proberen het op de dijk, die ineens erg smal is geworden. Ik schop de bal tussen Aries benen zo het water in. We weten hem te vangen dankzij de wind. Loodzwaar is de bal nu, alsof je tegen een basaltblok trapt. Soms spelen we een partijtje tegen Wiebe en zijn broertje Gijs, op het gras bij de kantine. Piet IJspeert komt naar buiten met een pan vol aardappelen, die hij afgiet in het putje naast de deur. Hij schudt zijn hoofd tussen de stoomwolken en wijst op de ramen van de barakken rondom het veldje. 'Hier mag het ook niet,' zegt Wiebe. Hij wil de bal pakken, maar ik zet mijn voet ertegen en bereik Arie. Een strak schot vlak langs de hulpeloze Gijs. De kantinedeur kreunt. Vijf-nul.

Het wordt herfst en meneer Morra heeft gezegd dat we les moeten krijgen. Omdat er geen school is op het eiland, heeft hij een beroep gedaan op moeder. Hij zit met haar in de kantine; hij heeft zijn hoed op tafel gelegd en zijn jas aan gehouden. Piet staat af te wassen en heeft het keukenluik opengeduwd, zodat hij kan horen wat er wordt besproken. Ik was met moeder meegelopen, met de zaklantaarn.

'Die wind,' zei ze, 'altijd die rotwind, de oren waaien van je kop.'

Ik droog voor Piet de opscheplepels af en de enorme messen. Door het luik hoor ik de hoge stem van meneer Morra. Hij heeft het over lediggang en vernielzucht.

'Discipline, mevrouw Beuling, en een zinvolle dagbesteding. U hebt ervaring.'

'Ik kan het alleen met kleuters,' zegt moeder, 'en dat is lang geleden. En ik ben almaar zo moe hier.' 'Dat komt omdat u niets te doen hebt. Er wordt voor u gekookt, u hebt haast geen huishouding te voeren. Dat alles doet de Rijksdienst voor u. Nu kunt u iets doen voor de Dienst!'

Ze heeft geen keus. Ze staat iedere morgen van halfnegen tot halfeen voor wat een klas moest heten: een stuk of twaalf kinderen, van wie Kettie met haar der-

tien jaar de oudste is, en de immer snotterende tweeling Stibbe, net vier geworden, de jongste. We zitten
aan tafels in de kantine, waar het stinkt naar oude koffie en uitgedrukte sigaren. Piet rommelt in de keuken.
Hij heeft voor de kleinsten van pakkisten een lage tafel
gemaakt met bankjes van ruw hout. Een van de tweeling krijgt een splinter in z'n dij en huilt zachtjes. Het is
koud, maar nog geen kacheltijd. Ik zit met Arie, Wiebe
en Gijs aan een tafel; we maken tekeningen op papier
van meneer Morra, dat aan één kant beschreven is met
de schrijfmachine. 'Juf, ze hebben snot,' zegt Geertje
Stibbe, terwijl ze met haar duim naar de tweeling wijst.
Moeder kijkt de zaal rond, pakt een theedoek van de bar
en snuit de tweelingneuzen. Uitgeput gaat ze zitten in
een te lage stoel. Ze draagt geen schort. Haar rok is om
haar middel vastgemaakt met een veiligheidsspeld. Ze
strijkt het haar uit haar gezicht en zucht. Ik kijk uit het
raam en zie grijs water.

Het lukt moeder niet een lesprogramma te ontwerpen
waarmee iedereen tevreden is. De kleintjes willen elke
dag urenlang liedjes zingen, de grotere jongens hebben
daar geen zin in. Arie knijpt Wiebe onverwachts in zijn
bil, zodat die het uitschreeuwt; Kettie helpt de tweeling op de wc en komt terug met een vuurrood geverfde
mond. Moeder kijkt heen en weer tussen Kettie en de
vechtende jongens. Ik buig me over mijn tekening.

Aardrijkskunde, heeft meneer Morra gezegd. Moeder moest vertellen over de zee en onze bijzondere
positie daarin. En geschiedenis. Over de oorlog kan ze
toch vertellen, die heeft ze zelf meegemaakt, dat is nog
maar kort geleden. Ze begint over het bombardement
op Rotterdam, Arie tekent intussen vliegtuigen met
zwarte hakenkruisen erop en de kleintjes kijken moe-

der bevreemd aan. Ze worden bang. Ik denk aan de weg-
gevaagde straten en pleinen in de stad van Faas. Misschien loopt hij daar net zo ontheemd rond als ik hier
op het eiland, over rommelige vlaktes waar nog niets is,
langs bouwputten en schuttingen waarachter ooit dingen zullen verrijzen, over zanderige grond met stenen
en stukken hout, terwijl de wind regendruppels tegen
zijn gezicht blaast.

'Hij speelt in Italië, hij zit lekker in de zon op een
terras,' zegt Arie. Maar ik teken hem in Xerxestenue.
Mezelf ook, trouwens. Ik was een heel jonge maar heel
goede linksbuiten en gaf prachtige voorzetten, die Faas
er allemaal in knalde. 'Bedankt,' zei hij dan. De keeper
hing huilend in zijn doel.

Er zijn rekenboekjes uit Volendam gekomen en moeder probeert aan de groten de staartdeling uit te leggen.
Ik luister wel maar hoor niets, alleen de vermoeide
klank van haar stem.

'Onthouden, bijtellen, lenen, denk aan de komma,
hoe moest dat toch maar weer, weet jij dat, Kettie?'
Kettie kijkt op van haar boek en schudt haar hoofd. De
school in Vollenhove heeft ook een blinde kaart van Nederland geschonken. Piet IJspeert hangt hem op achter
de bar en begint met moeder te strijden over de namen
van plaatsen en rivieren. De Zuiderzee is nog open. In
het middelpunt daarvan is niets, geen eiland, geen stip,
niets.

Toch bestaan wij, op het werkeiland dat officieel Per-
ceel p heet. De sleepboten uit Enkhuizen, Harderwijk
en Vollenhove weten ons meestal te vinden om voor-
raden en post te brengen. Janus Blom, de vader van Arie,
sorteert de brieven in zijn kapsalon en gaat ze dan rond-

brengen met zijn postbodepet op. Hij leest ze eerst, zegt moeder.

Het vriest, de zee ligt dicht. Daar komt geen boot meer doorheen. Zijn er genoeg kolen op het eiland voor de grote kachels in de barakken? Piet stookt los hout in de kantinekachel, het kraakt en knettert zodat de kinderen onrustig worden. Eens in de week komt er een helikopter boven de dijk hangen en vallen er jutezakken met pakjes, kranten, kleren en etenswaren naar beneden. De zakken scheuren, brieven waaien tussen de basaltblokken en sinaasappelen rollen de dijk af. We kruipen over de stenen en verzamelen alles.

Hoewel het verboden is, spelen we tussen het kruiende ijs op de dijk, in krakende, koude kastelen. De woonboot van Wiebes ouders verdwijnt achter de ijsplaten. Het hele eiland knarst en kreunt. Mevrouw Stibbe moet een baby krijgen, maar kan de vaste wal niet bereiken. Meneer Morra zit vast in Enkhuizen en moeder sluit de school. IJsvrij, zegt ze. Ze gaat mevrouw Stibbe helpen en stalt de tweeling bij Kettie.

Als vader van het werk komt, is moeder nog niet terug; Kettie gaat onder het raam luisteren naar het gegil. 'Een dokter overvliegen,' zegt vader, 'of ten minste een telefoon aanleggen, dat zou de Rijksdienst toch wel kunnen doen voor ons?' Hij prakt in het ijzeren bord met bonen. De ramen trillen in de sponning. Storm. Ik denk aan Faas op zijn Italiaanse terras. Hij voert de duiven en kijkt van onder zijn zwarte wenkbrauwen naar de stralende lucht.

Moeder blijft de volgende ochtend in bed liggen. Het kindje is doodgeboren, zegt Kettie. Allemaal bloed, en mevrouw Stibbe wil niet eens de tweeling zien. Het blijft stormen, ook 's nachts.

Meneer Morra weet zich tussen de smeltende schotsen naar het eiland te laten vervoeren. Arie en ik staan bij de sleepboot als die teruggaat met mevrouw Stibbe aan boord. Haar gezicht gaat schuil achter een dikke hoofddoek. De kapitein draagt een kistje naar binnen. De baby, denkt Arie. Het kunnen ook sigaren zijn. De boot beukt onophoudelijk tegen de steigerpalen en op het water staan schuimkoppen.

Er is een telefooncentrale aangelegd. Aries moeder Agnes leert hem bedienen; in hun huis is de meeste ruimte en Aries vader gaat al over de post. Het is of zij verder kunnen reiken dan wij allemaal. Vanuit de kapperskamer kan Agnes het ziekenhuis in Harderwijk oproepen en het kantoor in Enkhuizen. Ik roep Faas op, elke nacht. Hij dribbelt voor mij uit met de bal en ik doe hem na. Draaien, kappen, om de bal, onder de bal, schieten. Hij draait zich om en steekt z'n duim omhoog. Het zwarte haar zit onberispelijk tegen zijn hoofd geplakt, want waar wij zijn waait het niet.

Agnes Blom komt op alle barakdeuren bonken. 'Watersnood,' zegt ze met haar perfect geverfde mond. 'Stormvloed in Zeeland. De mannen moeten erheen.' Met beide handen houdt ze haar kapsel vast, alsof de haren anders van haar hoofd zouden waaien. De deur van de barak knalt dicht als zij met haar magere heupen verder beent.

Het is waar. Alle vaders sjokken de sleepboot in die 's morgens heel vroeg vanuit Harderwijk komt aantuffen. Wiebe en Gijs brengen meneer Wagenvoort weg. Meneer Stibbe komt alleen naar de steiger. Janus mag op het eiland blijven, en Piet ook. Vader kust ons allemaal.

Toen hij gisteravond terugkwam van de bespreking met meneer Morra vertelde hij ons hoe het in Zeeland is: mensen zitten op de daken van hun huizen en zwaaien met witte kussenslopen, boten varen rond tussen torenspitsen en schoorstenen, verdronken varkens dobberen op de golven en de zee stort naar binnen door de kapotte dijken. Logisch dat vader daarheen moet. Met Arie ren ik naar het einde van de dijk. We zwaaien de sleepboot na tot we hem niet meer zien.

Nog geen week nadat de vaders vertrokken zijn, komt de boot uit Enkhuizen met een nieuwe eilandbewoner. Met hoge rubberlaarzen is hij in drie stappen de loopplank af. Een bruine manchester broek. Een duffel met ankerknopen. Een spits gezicht, zwart, achterovergekamd, golvend haar. Ik voel een zuiging in mijn maag. Achter de man dribbelt meneer Morra. Beiden lopen op de groep wachtende moeders en kinderen toe. 'Meester Greidanus,' zegt Morra. 'Hij komt jullie onderwijzen vanaf heden. Dankzij de Dienst.' De meester wipt van achter naar voor op zijn voeten; hij strekt zijn rug en kijkt het hele eiland over. Dan daalt zijn blik langzaam tot het niveau van de moedergezichten. Agnes Blom glimlacht. Moeder kijkt stuurs. De meesterblik zakt verder en monstert de kinderen. Kettie heeft haar handen op haar rug. Ze steekt haar kin in de wind en kijkt de meester aan tot hij zijn ogen op Arie en mij richt. Ik ga meer rechtop staan. Arie stompt me stiekem in mijn rug. De meester ziet het. Hij zegt niets. Hij bekijkt rustig de kleine kinderen en knikt Geertje toe, die aan elke hand een van de tweeling heeft. Ze krijgt een kleur.

'Morgenochtend verwacht ik jullie. De groten om halfnegen, de bewaarkinderen om negen uur. In het voorlopige schoolgebouw.' Zijn stem klinkt fel, misschien is hij bang niet door de wind heen te komen. Hij draait zich om en gaat bij de uitgeladen bagage zijn koffer halen.

Nu zijn we echt een school. De meester heeft onze stoelen achter de tafels gezet, zodat we allemaal recht vooruit naar hem kijken. Het luik naar de keuken heeft hij dichtgegooid. Het is stil in het lokaal. Elk kind werkt aan zijn eigen taken. Je mag nooit niets doen. Wie een taak af heeft, moet naar voren. Je staat bij de tafel van de meester terwijl hij je schrift doorleest. Dan kijkt hij je aan en vertelt met ingehouden stem wat je fout hebt gedaan. Meester Greidanus houdt zich niet bezig met de kleuters. Hij heeft hun meubeltjes laten verplaatsen naar de bijkeuken.

Moeder kwam de eerste schooldag om negen uur om op de kleintjes te passen en zag de kinderen zitten, ingeklemd tussen emmers en bezems. Het werd ruzie. Meneer Morra heeft zich ermee bemoeid. Moeder werd ontslagen en Agnes Blom bood zich aan voor de opvolging.

Tussen de middag overlegt Agnes met de meester over het lesprogramma. 's Middags hebben wij, de groten, ook school. We schuiven de tafels naar de kant en hebben gymnastiekles. De meester heeft alle moeders zwarte sportbroeken laten naaien. Mijn moeder vond dat onzin. Ik trek een oude zwembroek van vader aan en Kettie krijgt een broek van Geertje, die krap zit om haar billen.

Wij moeten ons stalen, zegt de meester. We stellen ons voor dat we in een vallei wonen. Overal om ons heen staan bergen, daarachter woont de vijand. Daarom moeten wij oplettend worden, eendrachtig en sterk. Zoals de oude Grieken waarover meester vertelt. Die hadden alles over voor hun land, die gingen hardlopen en worstelen in hun blote bast terwijl het vroor. Ik worstel met Arie voor de kachel. Ik zit bovenop en meester kijkt toe. 'Je breekt zijn kracht,' zegt hij. 'Zo leren jullie elkaar kennen. Als soldaten, als broers.' Wij van het nieuwe land kunnen alleen elkaar vertrouwen. Het oude land is bedorven. Die van het oude land zijn onze vijanden.

Soms komen de vaders thuis op zaterdagavond, om maandagochtend vroeg weer te vertrekken. Alle Zeeuwse dijken zijn vernield, de beste dijkwerkers van het hele land moeten nog lang aan de reparaties werken. Het oude land valt uit elkaar, het is versleten. Meneer Morra wil een schoolklas uit Biggekerke uitnodigen om op ons eiland op verhaal te komen. Hij sprak er met de meester over, zegt Agnes tegen moeder. 'Maar Evert moet daar niets van hebben, hij werkt al veel te hard.'

'Het lijkt me voor die kinderen ook niet alles,' zegt moeder, 'die hebben al veel te veel water gezien.'

'Maar die van Vollenhove of van Nijkerk,' zeg ik tegen Arie, 'die kunnen toch komen? Er is plaats genoeg om te slapen nu de mannen weg zijn. We kunnen een wedstrijd houden.'

Arie gaat naar meester Greidanus. De soldaten van het nieuwe land willen vechten tegen hun vijanden. We gaan trainen. Piet zet gevlochten ijzeren matten tegen de ramen aan de achterkant van de barak; als de kleuters buiten willen spelen moeten ze naar het veldje vóór de kantine gaan en hebben wij het binnenveld om te oefenen.

Meester noemt de meisjes jongens. We hebben ze hard nodig voor het elftal, en Kettie is een prima doelman. Iedere middag oefenen we aannemen, meenemen, passeren en schieten. Geertje blijkt geweldig te kunnen koppen. Na het eten moeten we weer aantreden voor een partijtje, vijf tegen vijf. We moeten elkaar aanspelen, elkaar laten scoren, we moeten een eenheid zijn, zegt meester. Arie noemt het Grieks voetbal. Moeder bromt voor zich heen als we vertrekken in onze zwarte broeken.

'Hij slaapt niet meer,' zegt Agnes Blom, 'en kijk z'n ogen eens glinsteren. Die man brandt gewoon op.' Al weken praat de meester alleen nog over de wedstrijd tegen het oude land. We zouden allemaal samen moeten slapen, vindt hij, niet meer bij onze moeders. En dan 's morgens naakt de koude zee in. Daar word je een eenheid van. Arie gniffelt en stoot Kettie aan. 'Kijk voor je,' zegt ze.

Meester vertelt hoe we de Nijkerkers moeten vernederen; genadeloos moeten we laten zien wie hier de gezondste, de kameraadschappelijkste, de sterkste ploeg is. Hij spreekt hard en snel. Soms vliegt er wat speeksel uit zijn mond. Waren de dijken in Zeeland maar klaar.

Op het piketpaaltje zitten knoppen die met de dag dikker worden. De boom leeft. Arie en ik voetballen op de dijk. We kunnen zo goed richten dat de bal niet meer in het water valt. Het is nog vroeg. Achter de lege rijswerkersloods horen we gestommel. We sluipen naderbij en zien de meester bloot op de basaltblokken staan. Hij heft zijn armen omhoog. Zijn enorme lul slingert heen en weer. De meester zwemt. Hij ziet ons en steekt een arm op om ons in het water te lokken. Arie gaat, maar houdt zijn onderbroek aan. Ik blijf nog even kijken, dan ren ik weg.

De boot met de Nijkerkers is in aantocht. We staan op de steiger, in voetbalkleding, om de vijanden te verwelkomen. Mevrouw Wagenvoort en Agnes hebben cake gebakken voor de ontvangst in de kantine. Janus Blom staat achteraan. Hij zal vanmiddag scheidsrechter zijn. We moeten de Nijkerkers rondleiden over het eiland, zodat ze kunnen zien hoe wij hier leven. Ze zijn met veel, met veel meer dan de elf die nodig zijn. Ze struikelen over de stenen van de dijk, ze bezeren hun blote knieën aan het houtafval dat overal is aangespoeld. Ze zeuren dat wij geen echte huizen hebben, dat er hier niets groeit, dat er niet eens een kerk is. Ik overweeg ze de piketboom te laten zien, maar ik doe het niet.

Piet heeft twee echte doelen getimmerd, met afgedankte visnetten erin. De Nijkerkers komen het veld op. Ze willen niet tegen meisjes spelen, maar als ze de meester zien, binden ze in en stellen ze zich op. Ze lijken allemaal wel veertien jaar. Kettie gaat in haar doel staan en spuugt in haar handen.

Voor we naar buiten kwamen stonden we met z'n allen in de bijkeuken gebukt met de armen om elkaar heen. De wang van Geertje Stibbe tegen de mijne. Meester fluisterde sissend dat wij uitverkoren waren, een nieuw soort mensen van een nieuw land. Dat wij met een man minder het veld in moesten was niet belangrijk. De eenheid was onze elfde man.

Ik ben aanvoerder en ik geef de vijand, die aantreedt op echte voetbalschoenen, een hand. Vanaf de zijlijn kijkt meester mij vernietigend aan; ik veeg de hand af aan mijn broek. Intussen is de bal al weg. Wiebe Wagenvoort draaft als een paard voor Ketties doel heen en weer. Toch: doelpunt. Ze beginnen te juichen. 'Opstellen! Doorspelen!' brult meester. Het gejuich verstomt. Janus Blom kruist hijgend, met zijn fluit in de aanslag, het veldje. De moeders roepen zacht: 'Vooruit, vooruit,' de kleine kinderen zwijgen.

In de rust trekt Nijkerk zich terug in de rijswerkersloods, hun kleedkamer. Piet brengt hun thee. Door de kantineramen zie ik Agnes achter de meester aan lopen, met snel bewegende rode mond. Meester zwaait met zijn armen door de lucht, alsof hij haar weg wil maaien. 'Ik wil weer door,' zegt Janus, 'dan is het maar gebeurd. Geef mij maar kermis.' Meester stormt de kantine binnen. 'In de oorlog zijn alle wapens geoorloofd,' zegt hij. 'Het nieuwe land verliest niet. Roei ze uit! Vaag ze weg tot elke prijs. Liever de dood dan de nederlaag, onthoud dat!' Hij ziet bleek. Ik geef mijn elftal van tien een teken. We gaan naar buiten.

We hebben de wind in de rug, Geertje krijgt de bal op haar hoofd en kopt in. 'Buitenspel,' zegt Janus. Vanaf de zijkant briest de meester dat Janus blind is, de regels niet kent, niet weet waar hij staat. 'De scheidsrechter is onpartijdig, meester Greidanus,' zegt Janus. Stram en rechtop loopt meester naar het eind van het veld. Arie heeft de bal. Ik loop me vrij, de bal komt en ik jas hem er in één beweging in. In een mist van zweet en tranen zie ik Faas bij Ketties doel staan. Zijn gegolfde haar. De glimlach op zijn smalle lippen. Nu wordt het vechten. Zelfs de meisjes trappen de Nijkerkers tegen hun schenen. Kleine Gijs Wagenvoort trekt hun midvoor aan z'n broek onderuit als hij wil scoren. De Nijkerkers roepen verontwaardigd naar Janus, die laat doorspelen. We drommen in gelid naar voren, het moet, het moet.

'Brand!' gilt Kettie. Ze staat te springen tussen de doelpalen en wijst op de loods achter haar. Er knalt een ruit aan scherven en dikke rook wolkt naar buiten. Meteen laaien de vlammen op. Het ritselt, het kraakt. Verlamd staan de spelers op het gras. Janus fluit drie keer heel kort. Nog steeds beweegt er niemand. Iedereen luistert naar het suizen van de brandende rijswerkersloods.

Piet komt aanrennen met emmers. 'Blussen,' zegt hij, 'water genoeg. Ga maar in de rij staan. Doorgeven. Ik mik ze d'r wel in.'

De Nijkerkers beginnen om hun schoenen te roepen, om hun jassen, hun rugzakken en hun zakgeld. 'Kop houden en helpen,' zegt Piet. Agnes Blom stormt dwars door de bluslinie. 'Evert, waar is Evert? Evert brandt!' Piet maakt aanstalten om de piketboom uit de grond te rukken om daarmee de deur in te beuken. Zal ik mijn boom gaan verdedigen of is het dan mijn schuld als meester sterft? De deur gaat vanzelf open en een rokende gestalte vliegt naar buiten. Met grote passen holt hij naar zee. Vonkenregens spatten tegen het basalt; de meester gaat sissend onder. Zijn haren zweven in het water. Ik heb roet in mijn ogen, ze prikken.

De sleepboot komt om de kinderen van Nijkerk op te halen. Zonder een woord klimmen ze achter elkaar het schip in, bibberend in hun vuile voetbalkleren. De schipper heft de scheepstoeter al om het vertrek aan te kondigen als drie figuren langzaam naar de loopplank komen. Moeder en Piet IJspeert klemmen meester tussen zich in. Hij is gewikkeld in een roodwitte deken; daaromheen zijn twee riemen zo strak aangetrokken dat hij zich amper bewegen kan. Hij loopt op blote voeten, als de oude Grieken, zegt Arie. De meester fluistert aan één stuk door. 'Vernietigen. Opnieuw beginnen. De oplossing is vuur.' Geel-witte klodders koeken in zijn mondhoeken.

Moeder laat hem met Piet achter in de stuurhut, ver van het ruim. De boot vertrekt naar Harderwijk, waar de ouders van de Nijkerkers wachten bij de haven, waar de schipper en Piet meester naar het ziekenhuis gaan brengen, waar het land oud is.

'Agnes kreeg er geen zinnig woord uit,' zegt moeder. 'Ze hijgde maar wat door die telefoon, tegen een dokter nog wel. Ik heb haar de hoorn afgenomen. Ze weten daar dat hij komt. Gaan jullie maar slapen, het is nu over.'

Ik hoor Kettie ademen boven mij. Ik doe mijn ogen niet dicht. Water en vuur. Ik tast in de spleet naast de matras en pak de foto van Faas. Ik heb spierpijn. Arie, Geertje, Wiebe, Gijs, Kettie – allemaal liggen we op dit eiland zonder straten en kerken, dat zijn tentakels naar alle kanten uitstrekt om houvast te krijgen, het eiland dat zachtjes heen en weer wiegt op de golven. Ik druk de foto met beide handen tegen mijn borst. Water. Vuur.

'Werkeiland Lelystad' heeft echt bestaan; de beschreven personen, omstandigheden en gebeurtenissen zijn verzonnen.

Als gras in december, doe niet
aan groeien, kruip weg onder
een kille deken. Het is zwart
in de doelmond.

Er wordt gedroomd van zaadschieten,
bloeien met wuivende pluimen. Noppen
ranselen je recht, het mes
maakt je hard.

Het is een heel gegoochel in de *Hard gras*-bus, met de gekoelde wijn, de kurkentrekker en de Duralexglazen. Allemaal in verschillende tassen, in het donker op te diepen en in stelling te brengen. Chauffeur Pelle waarschuwt voor de bochten. We zijn op de terugweg.

De voorstelling in Enschede verliep goed, de mensen lachten en luisterden. Er was een fijne kantine met een glazen rookhokje erin zodat je, als roker, toch een beetje betrokken bleef bij de rest van het leven. De schouwburgbeambte die ons betrapte in de kelder ('overal camera's') was er trots op. Na het optreden hingen we nog wat rond in de foyer om de stemming van het publiek te peilen. Die was voortreffelijk.

Omdat de schouwburg erg groot is en deze of gene nog even terug moest voor jas of tas belden we mobiel heel wat af voor we uiteindelijk de bus in stapten. Onze chauffeur zou gaan scheuren, er moest in Amsterdam nog een trein gehaald worden.

Ons kan het eigenlijk niet lang genoeg duren. We handelen de busrituelen een voor een af, volgens een stappenplan, anders gaat het mis. Ik vraag pas om de Engelse drop als ik zeker weet dat het glas van Henk leeg is. We praten over voetballers. Op de heenweg hebben we het literatuurnieuws al doorgenomen. Straks zijn we thuis. Morgen hoeven we niet.

'Verschrikkelijk dat ze geen competitie spelen dit weekend', zegt Henk. 'Wat moet je doen op zo'n lege zondag?'

Na de rust de kwetsuren
verbinden in letters. Handen
op tafel. Uren luisteren naar
het ruisen van ongebruikte
zenuwbanen, met ontheemde
spieren stil meehuilen. Nu,
in de tweede, de wrede helft:
afleren, opschrijven, ontberen.

Er viel sneeuw zoals Spelbos SNEEUW zei:
dik, onverbiddelijk. De vlokken markeerden
boven de mat een kubus in duister. Het is hier,

twee maal drie kwartier, jacht op rood wild
over veld dat kraakt tussen bergen. Sparren
wringen omhoog tot een woud. Winteroorlog,

wonderlijk, onverwacht. Jonge jagers met wijdopen mond dansen vrolijk voorbij aan de adem
van tijd. Dit wordt een verhaal dat je stopt

met één druk op de knop, liegend beeld in de kamer
bij avond. Iemand zegt: SNEEUW en men lacht.

Ronald Spelbos

Een schema van het leven ligt
op het voetbalveld, een tekening
van de wereld, op zondagmiddag.

Hoe wij in wisselende bezetting
elkaar steunen, stuktrappen, vereren,
verlaten en kwijtraken, rennend.

Tussen de krijtlijnen een blauwdruk
van verlangen. Nooit krijgen wat wij
najagen, en als de buit binnenkomt

onthand zijn, leeggevreten door vreugde
van een dag, door elkaar bedolven.
En altijd die man, met die fluit.

Het sportpark ligt aan de Vuurlinie. Ik stap uit de auto op een winderige zaterdagmiddag. Het voetbalveld is ingesloten door een dijk en een lage kantine. Op het gras dansen onze jongens, nog half aangeschoten van gisteravond maar fris in hun witte shirts gestoken.

Het elftal is niet compleet, een enkeling is in de verkeerde bus gestapt of heeft de wekker niet gehoord.

Trainer Arend staat gemoedelijk te schreeuwen. De keeper is bang, een van de verdedigers hallucineert, de spits leeft in een droomwereld. Op het middenveld draaft onze zoon. Die is goed.

De tegenstander is beter, en gemiddeld vijftien jaar ouder. Enorme, vierkante mannen stormen briesend op de tengere tieners af en ontfutselen hun keer op keer met een korte kreet de bal. Als Frits met de bril protesteert dreigt een rood aangelopen veedrijver hem aan te vallen, het elftal klontert om de schermutseling heen, Arend roept: 'Rustig, mannen!' en Frits doet geschrokken een stap achteruit.

Ik klim de overdekte tribune op waar mijn man en mijn dochter, de elftalmascotte, met de ellebogen op hun knieën naar het spel zitten te turen. Ik kijk in de verte en zie een brede wetering achter de dijk, een zee van groentekassen rondom het sportcomplex en reclameborden boven op de kantine (Sluis voor Uw Pluimvee; Theo Wijfjes, Herenkapper).

Het jonge elftal heeft nog geen wedstrijd gewonnen, maar bewaart vriendschap en geestdrift. Onze Willem en zijn maat Dirk rennen zonder klagen het hele veld over om de bal bij de vertwijfelde aanvallers te brengen; steevast gaat er in de voorhoede iets mis en dendert de tegenstander als een kudde buffels op het doel met de verstijfde keeper af.

'Spel verdelen, goed zo,' roept Arend. 'Dek je man, Joost, nee, die niet, dat is de scheids.'

Naast het speelveld is een omheinde weide met drie paarden erin. Ze galopperen en slaan met hun hoeven kluiten aarde in het rond. Ik hoor gekrijs en kijk snel weer naar de wedstrijd. De jongens hebben onverwacht een doelpunt gemaakt. Met het schuim op de lippen is de dolgedraaide spits naar het doel gerend; tussen de benen van de doelman heeft hij de bal naar binnen gefrommeld terwijl de backs verbijsterd toekeken. De scheidsrechter floot niet, er was een verwarde stilte en daarna een schril gejuich. Vier-één.

De lucht is loodgrijs. Willem heeft zich meester gemaakt van de bal. De grote man die Frits heeft bedreigd komt met vaart aanstampen en strekt zijn been om de bal te raken; Willem glijdt naar de grond in een poging de bal tussen de vleeszuilen door te wringen. Dan liggen beide spelers op het gras.

Geholpen door zijn vrienden probeert Willem op te staan. Voorzichtig laat hij zich weer zakken, hij steunt op zijn armen. Wij rennen erheen en dragen hem met z'n allen naar de tegelvloer voor de kleedkamer.

'Ik kan niet staan.'

'IJs! Ga ijs halen!'

'Haal de auto maar,' zeg ik tegen Erik.

Ik storm het verboden gebied van de kleedkamer in, gooi de plastic vuilnisbak leeg op de grond en vul hem met koud water. Langzaam begiet ik het been van mijn zoon. Achter ons wordt doelpunt na doelpunt gemaakt tegen de uitgedunde ploeg. Arend loopt hijgend langs: 'Ik bel jullie straks!'

Willem ziet bleek als we hem in de auto tillen. Het begint te hozen van de regen.

De hokjes in de eerstehulpafdeling zijn door gordijnen van elkaar gescheiden. We horen naast ons een man onafgebroken jammeren in een vreemde taal. Willem ligt op een brancard, waar hij met moeite weer af getild moet worden voor de röntgenfoto.

De waarheid op de lichtbak: een tibiafractuur. Het smalle kuitbeen is ongeschonden. We wachten.

'Je hebt je been gebroken,' zegt de dokter. 'De stand is vrij goed, we geven je gips en dan mag je naar huis.'

Er komt een kous om het been tot aan de lies, afgerold vanaf een stalen hoepel terwijl twee zusters de kuit optillen. Dan gaat de arts als een beeldhouwer te werk met het bevochtigde gips.

'Nu is het veilig,' zegt Willem, maar hij verschiet als de gipsmeester met de zaag aan komt zetten.

'Er moet een spleet in, voor als je been opzet.' De zaag giert. Twee voren. Met een schroevendraaier wrikt de gipsmeester de stukken uit de spleet.

Nu is Willem heel zwaar geworden. We rollen hem in een bureaustoel van de parkeerplaats naar de voordeur. Erik duwt, ik til het been.

Zodra Willem op de bank ligt begint de telefoon te rinkelen. Ik hoor hem praten: 'Over twee weken loopgips, en dan een brace. Ik ga gewoon naar school.'

Maar poepen is een probleem. We tillen onze achttienjarige zoon naar de wc en raken gedrieën klem in het kleine kamertje. Een stoel om het been op te leggen.

De deur kan niet dicht. Afhankelijkheid.

's Nachts kruipen we tegen elkaar. Een ziek kind, gevoel van jaren geleden. Voor Willem hebben we een matras in de kamer gelegd, met een berg kussens erop. Het been moet hoog. Sara blijft bij haar broer. Hij heeft een bloemenvaas om in te plassen.

Pijn. Geen eetlust. Huiswerk. Televisie. Alles moeten vragen.

Voor ik naar mijn werk ga zet ik warm water, handdoeken en toiletartikelen op de grond. Ik rijd langs de school om huiswerk te brengen en taken op te halen.

'Mijn been wordt dun, ik heb geen spieren meer.'

'Als het maar niet wit, rood of zwart wordt, staat hier in de folder. Of blauw.'

'Mijn spieren verdwijnen, kijk maar!'

Na een week zit het gips los. We gaan naar de polikliniek voor de controle.

'Wat doet u hier?' vraagt de polizuster. Hoewel het midden in de winter is draagt zij geen kousen. 'Moet u eerst naar de röntgen?'

'Doe maar,' zeg ik.

Ik zeul de brancard door de gangen. Wachten. Met de foto's terug, weer wachten. We lezen *Privé*, *Story* en *Weekend*. We worden geroepen en mogen in een nauwe gang verder wachten. Geen arts ontvangt ons, wel een kordate gipsmeester.

'Loopgips?' vraagt Willem hoopvol.

Daar is geen sprake van. Het zware gips wordt doorgezaagd, ze tillen de bovenkant als een deksel van een schaal. Willem mag de kleuren van het nieuwe gips kiezen, de kamer staat vol oranje, blauwe en gele rollen. Hij wil zwart en wit, de clubkleuren.

'Moet er niet even een dokter naar kijken?' vraag ik voorzichtig.

'Volgende keer,' zeggen de gipsprinsen.

Ik was Willems haar in de gootsteen en spoel het uit met een steelpannetje. Elke avond komt Dirk even langs. Ze roken samen en ik verdwijn naar boven. In de gipskamer waren enorme condooms te koop om over het gips te trekken zodat je zonder gevaar onder de douche kunt. Willem mag niet staan. En de douche is boven. Als ik 's morgens beneden kom ligt hij op z'n rug te slapen, naast de volgepiste vaas.

'Dat been moet een duwtje hebben,' zegt de assistent-orthopeed.

We hebben er al anderhalf uur wachttijd op zitten; zijn naar de röntgenafdeling geweest, hebben op de gang stiekem naar de nieuwe foto's gekeken (de botstukken staan in een flauwe hoek op elkaar), zijn afgeblaft door de zuster met de blote benen en hebben eigenlijk op loopgips gerekend.

Een gedrongen Spanjaard met een vrolijk gezicht komt binnen. 'We hebben nu tijd om het loopgips te zetten.' 'Dat kan niet,' zegt de assistente, 'de stand is niet goed.' 'Onzin. Dat gaat best.' De gipsmeester slaat tegen de foto op de lichtbak.

'In Salamanca deden we dat zo, en in Davos. Komt prima in orde. Flink belasten. Groeit aan elkaar. Is goed.' Hij pakt de brancard, we rijden Willem naar de gipskamer.

De assistente komt erachteraan. 'Ik ben het er niet mee eens!'

De zaag krijst al. Terwijl de gipsverplegers een nieuw

harnas bouwen gaan de meester en de assistente de gang op. Ik hoor ze op hoge toon tegen elkaar praten. Wat nu?

Met een verbeten kop komt de gipsmeester weer binnen. Hij pakt de zaag en begint het nieuwe gips eraf te halen. 'Eigenwijs. Sommige mensen zijn eigenwijs.'

'Waarom moet het eraf?' vraag ik.

Geen antwoord.

Willem moet op de rand van de tafel gaan zitten, zodat zijn been naar beneden hangt. Hij trilt, hij kan zijn spieren niet bedwingen.

Een verpleger met grote ogen achter een bril slaat zijn arm om Willems schouders. 'Je moet je ontspannen, laat het maar hangen.'

'Het gaat niet, ik kan het niet stilhouden!'

Willems stem klinkt vreemd hoog. Hij huilt. Ik sta op en ga naar de gang. Ik laat de deur wijdopen. 'Wie heeft hier de eindverantwoordelijkheid voor de behandeling?' De polizuster kijkt verstoord op van de stapel foto's in bruin papier. 'U wordt toch geholpen?' zegt ze.

'Ja, steeds door iemand anders. Ik wil graag weten wie de baas is, wie erover gaat.'

'Dokter Buikhuis, die is de chef.'

'Dan wil ik nu dokter Buikhuis spreken.'

'Dat kan niet. Die is bezig, hoor. U bent niet ingedeeld.'

In het smalle gangetje staat een rij stoelen waar mensen op zitten. Sommigen hebben een ingegipst been voor zich uit gestrekt, anderen torsen hun gepantserde elleboog op een draagspalk. Aan het eind van de gang zijn vier deuren waar van tijd tot tijd artsen uit komen die de wachtende patiënten naar binnen noden.

'Ik wacht tot hij even tijd heeft. We gaan niet weg voor we hem gesproken hebben.'

De zuster, de assistente en de gipsmeester gaan in conclaaf. Ze verdwijnen met Willems dikke dossier in een van de kamers. Willem wordt op een brancard getild.

'Gaat u met hem naar de röntgen, een foto zonder gips maken. En komt u dan weer hier terug,' zegt de zuster.

Ik zit naast de brancard in het gangetje, de verse foto's op schoot.

'Mijn been is wel dun, hè mam?'

'Dat is omdat je de spieren niet gebruikt, dat hoort zo. Als je gaat trainen worden ze weer stevig. Ze zijn er nog, maar ze zijn in rust.'

Mismoedig knijpt hij in zijn slappe dij.

Ineens staat er een rijzige man in witte jas voor ons. We mogen naar binnen. Hij drukt de foto's tegen de bak en we kijken.

'Een breuk zoals deze kunnen we op twee manieren genezen. Je kunt hem stabiliseren met gips, zoals tot nu toe gebeurd is. En we kunnen er een plaat tegen zetten. Dan ben je er met een maand vanaf.'

'We zijn al drie weken bezig,' zegt Willem, 'op de eerste hulp hebben ze niets over een plaat gezegd. Ik wil niet geopereerd.'

'Tja, er zijn risico's. Als de plaat eruit pust ben je zo twee jaar verder. Als je voor gips kiest kun je volgend seizoen pas weer voetballen, het duurt gewoon langer.'

'Maar kan het wel? Het wordt wel helemaal goed?'

'Het is op het randje, er is een kleine afwijking, maar die is net nog acceptabel.'

Gips. Tot de lies.

'Ga het maar een beetje belasten,' zegt de triomfantelijke gipsmeester, 'tot de pijngrens!'

In de rolstoel, met de lift, auto voorrijden. Willem erin, krukken mee, rolstoel terug, naar de uitgang, kaart vergeten. Een rij toeterende auto's achter ons; ik schreeuw onbeheerst in het roostertje van de uitrijpaal.

'U moet achteruit,' zegt de metalen stem, 'uw kaart afstempelen en terugkomen.'

Ik leg de handen in de schoot. Een man stapt uit een auto achter ons en komt kijken.

'Problemen? Ach, ik ken u van de televisie! Kan ik u helpen?'

Dankbaar, dankbaar druk ik hem de parkeerkaart in de hand. Hij rent naar een automaat en stempelt af. Hortend en schokkend rijden we weg, gered, geholpen en ontsnapt.

De kamer zit vol schreeuwende jongens. Er staan kratten bier op de grond. Ik stort de fruitschaal boordevol chips. Arend proost Willem toe. De jongens vormen een spreekkoor.

'Wie zijn wij?'

'Rap-elf.'

'WAT doen wij?'

'WINNEN!'

'Voor WIE?'

'Voor WILLEM!'

Gejuich. Overal liggen sporttassen, bezwete shirts en voetbalschoenen met kluiten eraan. Vanmiddag is de returnwedstrijd naar de geest gewonnen. Naar de letter was het 4-4. 'Die dikke wist niet hoe hij het had!'

'We hebben ze platgemaakt!'

'Rap-elf gaat nooit verloren!'

'Hebben jullie nog verteld hoe het is afgelopen met Willem?' vraag ik aan Joost.

'Ja, die gozer vroeg het adres, hij zou een kaartje sturen zei-die.'

Met viltstiften schrijven de teamleden hun namen op het gips. Willem zit op de doorligring en zegt niet veel. Hij is deze week met het eerste gedeelte van zijn eindexamen begonnen, in een leeg lokaal onder in de school omdat hij de trap naar de aula niet op kon. 's Avonds thuis hees hij zich naar boven, het gipsbeen bonkend achter zich aan. Uit zijn kamer begon net als vroeger hardrockmuziek te beuken. Voor Ajax-Feyenoord wilde hij niet eens naar beneden komen.

De kerstvakantie brengt hij door op een andere bank, in de gehuurde boerderij. Hij doet computerspelletjes en leest voor de lijst. Als het niet ijzelt maken we een korte wandeling, de krukken glimmen in de lage zon. Aan de gipsvoet zit een zwarte gezondheidssandaal. Douchen kan weer, met moeizaam aangebracht reuzencondoom.

In het ziekenhuis kopen we bij iedere controle een boek met kruiswoordraadsels. Ruim twee maanden na de breuk wordt het gips vervangen door een vleeskleurig, keihard korset. De gipskamerfunctionarissen vouwen het in warme, soepele toestand om de kuit, waar het binnen vijf minuten verstijft. De knie is vrij!

Willem gaat aan de slag met zijn verslapte spieren. We kopen een standaardwerk over spierversterkende oefeningen en uit zijn kamer klinkt het ritmisch geschuif van gymnastische bewegingen. We kopen halters. De borstkas zwelt. Bij de televisie tilt hij honderd maal zijn been op.

Lopen, voorzichtig de sandaal op de grond zetten, het gewicht opvangen met de krukken.

'Met één kruk,' zegt de Spaanse gipsprins. 'Het doet even pijn, maar het is goed. De botten op elkaar drukken, dan gaan ze groeien.'

Op de röntgenfoto's zien we langzaam een wittig waas rond de breuk ontstaan. De botstukken hebben elkaar gevonden en gaan een verbinding aan.

Eén kruk op school en één thuis. Fietsen!

'Kijk eens naar mijn been, mam, is het al dikker? Het is niet meer helemaal pap, hè?'

Nu mag de brace 's nachts uit. Thuis loopt Willem soms even zonder krukken op de zachte vloer. Naar de laatste controle gaan we ongewapend. De krukken zijn teruggebracht en de brace ligt thuis.

In de loop van deze vier maanden hebben we vijf verschillende artsen gezien. Vandaag worden we ontvangen door de zesde. Het is een wat oudere, kleine man met een hese stem.

'Is het nu klaar?' vraagt Willem.

De dokter leest in het dossier. Hij haalt de ene na de andere foto uit de dikke map.

'Ze liggen niet op volgorde. Hoe kan ik hier nu wijs uit. Ik wil me even oriënteren. U wilt toch ook dat ik de status lees?'

We zijn stil. We wachten. Willem pakt zijn kruiswoordboek.

Bij het onderzoek toont hij trots zijn herworven vaardigheden: lopen, door de knieën zakken, op de tenen staan. 'Sport mag nog niet,' zegt de kleine dokter, 'dan maak je onverhoedse bewegingen en dat is gevaarlijk.'

Hij duwt de nieuwste foto's tegen de wand en legt een liniaal met een scharnier erin over de botstukken.

'Er zit een hoek in. Daar ben ik helemaal niet tevreden over. Een varushoek mag ten hoogste vier graden zijn, en dit is tien.'

'Het mag wél!' zegt Willem. 'Iedereen zei dat het goed was!'

Ik spring hem bij: 'Geen van uw collega's heeft er ooit iets van gezegd. We zijn wel tien keer op controle geweest.'

'Ik vind het niet goed. Ik ga het in de stafvergadering bespreken. Maakt u maar een afspraak voor over vier maanden, dan bezien we het weer.'

'Godver. Wat een crisiszooi. Ik kom hier nóóit meer terug. Laat-ie naar z'n eigen kromme poten kijken, de eikel! Kijk nou, ik kan toch weer alles met m'n been?'

Ja, hij kan alles. We gaan de genezing vieren, en eten in de stad. Daarna gaat Willem naar het café met zijn vrienden. Voor het eerst mengt hij zich weer in het tactisch voetbaloverleg.

'De keeper houdt ermee op. Hij is te bang. Ik wil keeper worden, net als vroeger. Na de vakantie ga ik weer trainen!'

De telefoon.

'Met de secretaresse van dokter Buikhuis. Of u morgen kunt komen. De dokter wil iets met u bespreken.'

Was ik maar niet thuis. Had ik maar geen telefoon. Kon ik maar nee zeggen.

We hoeven niet te wachten, maar worden meteen in het onderzoekskamertje gelaten, waar de geschiedenis van de breuk tegen de lichtbakken hangt. Dokter Buikhuis manipuleert met de geknakte liniaal.

'We hebben er nog eens over gesproken, zo aan het eind van de rit, en u ziet, er zit een knik in het been. De breuk zelf is mooi genezen, daar gaat het niet om. Hoe loopt het traject nu verder? Het bot drukt wat scheef op de enkel, en daar is dat gewricht niet op gemaakt.'

Hij kijkt Willem aan.

'Daar ga je last van krijgen. Zoals Marco van Basten. Je moet nog zestig jaar op die enkel voort!'

'Die knik, dat was toch vanaf het begin?' zegt Erik, die ook is meegekomen. 'Waarom heeft niemand daar dan iets over gezegd?'

'U hebt zelf voor conservatieve behandeling gekozen. Het was een randgeval; meestal gaat het goed. Wij hebben een voorstel. We gaan opereren. De breuk laten we zoals hij is, maar we zagen een wig uit het bot om de afwijking te compenseren. We slaan twee stalen pennen door het been, onder en boven de wig. Met schroeven zitten die aan de buitenkant aan elkaar. Dat is prachtig, die externe fixateurs. Je kunt ze precies zo strak aandraaien als je wilt. Na vier weken gaan de pennen eruit, dat doen we bij volwassenen zonder verdoving. Meestal zitten ze dan trouwens al wel los. Dan nog een week of vier en je bent klaar!'

Dokter Buikhuis is opgestaan en loopt geestdriftig pratend door de kamer. Zijn ogen schitteren en hij heeft een kleur gekregen. Op Willems been wijst hij waar hij wil zagen en waar de pennen in gedreven zullen worden. Hij gaat weer zitten en opent zijn agenda. Ik hoor Erik en Willem zwaar ademen, sla mijn benen over elkaar en leun tegen het bureau, mijn hoofd een beetje schuin.

'U hebt het heel duidelijk en beeldend uitgelegd.'

'Ja,' zegt de dokter, 'het is zo mooi wat er allemaal

kan. Meestal slaan we bij zo'n fractuur meteen een lange pen vanaf de knie door het bot. Fantastisch!'

'Het overvalt ons een beetje. Willem zit midden in zijn eindexamen. We moeten wat aan het idee wennen.'

'Tja, wij moeten de operatie wel inplannen. Meteen ná het examen dan?'

'Gezien de ernst van de ingreep zou ik het wel prettig vinden om er even over na te denken, en misschien nog eens de opinie van een andere arts te horen.'

'Dát staat u vrij. Dat kan. Maar ik zou niet te lang aarzelen, u moet hier niet een jaar mee wachten, dat is schadelijk.'

'Kunt u iets zeggen over de kans op schade? Een percentage? Is er literatuur over?'

'Mevrouw, zo ligt dat niet. U hebt nu onze visie gehoord, er ligt een voorstel, het gezin gaat zich beraden. Wat spreken we af?'

'U hoort van ons,' zeg ik beduusd.

Ik krijg de zware dossiermap mee om bij de balie af te leveren. Voor ik dat doe trek ik de recente foto's eruit en stop ze onder mijn jas.

'Het klinkt heel plausibel,' zeggen onze vrienden. 'Je moet er toch wel serieus over nadenken. Het is een academisch ziekenhuis, ze kunnen echt wel wat. En ze zien veel.'

'Misschien moet er iemand promoveren,' werp ik tegen. 'Ik hoorde laatst over een serie van tien operaties bij een kind van drie jaar, ze zaagden het bot eruit en zetten het er omgekeerd weer in. Dan ben je toch niet goed bij je hoofd.'

Erover nadenken, ik doe niets anders. Tot brakens toe zie ik een opengelegd been voor me, keurig gladgeschoren. Met vleeshaken worden de spieren uiteengetrokken zodat het bleke bot weerloos te kijk ligt. Een grote groene man met een lasbril op zet de zaag erin. Discreet gesuis. De operatiezuster zuigt de splinters weg. In een hoek van de zaal staat het kanon met de stalen pennen. Willem ligt bewusteloos, een badmuts over zijn lange haar, zonder bril. De intubatiebuis vormt zijn mond tot een witte o.

'Ik doe het meteen!' zegt hij, terwijl hij heen en weer sprint tussen de ijskast en de tafel. 'Dan ben ik eraf als het zomer is.'

'Maar je eindexamen dan?' Ik hoor mijn stem trillen. 'We moeten het zakelijk bekijken,' zegt Erik. 'Die dokter vindt dat het moet. Is het onbeleefd om ook nog naar een ander te gaan, kan dat wel?'

Ik ga bellen. De zoon van een vriendin is behandeld door de orthopeed van Feyenoord. 'Hij is héél begaafd, hij heeft bij Ed de Goey elk been twintig centimeter verlengd en je ziet er niets van! Hij wil de foto's wel bekijken.'

Bellen. Afspraak met pinnige secretaresse, over drie maanden. Vlak voor de vakantie, dan is die chirurg moegezaagd en ontspringt Willem de dans, denk ik. Wat wil ik eigenlijk? Ik wil niet dat ze snijden in gezond vlees. Ik wil geen schuldgevoel als hij over tien jaar hinkt. Ik wil niet voortdurend ongerust naar zijn enkel kijken. Ik wil geen pennen door het been van mijn zoon.

Het weer slaat om, bij de vijver staan de mispels in blad. Futen zitten elkaar op en onder water achterna. 'Drie rondjes gerend om de vijver!' zegt Willem als hij zwetend binnenkomt. 'En ik heb een zeven voor wiskunde! Van de zomer gaan we met het hele elftal naar de Pyreneeën, dat hebben we vannacht besloten. Goed hè?'

'Je moet je eigen preoccupaties niet aan hem opdringen,' zegt mijn vriendin. 'Vindt hij die stalen bouten eng of jij? Hij is achttien, hij moet zelf beslissen. Maar dan moet hij er wel over kunnen praten, met jou.'

Wat nou praten, denk ik. Kun je niet beter naar het ziekenhuis gaan dan naar de bergen, moet ik dat tegen hem zeggen? Of: stel je die operatie uit tot de herfst, als je net met je studie begonnen bent? Je loopt nu wel zo lekker, maar je hebt een tijdbom in je been die bij elke stap verder tikt; heb je geen pijn in je enkel, voel je niks, voelt het niet anders dan je goede been?

'Leuk Wim, de Pyreneeën,' zeg ik laf.

'Je kunt Verbeuk bellen,' zegt een oudere, bedachtzame collega als we naast elkaar in een vergadering zitten. 'Ik heb hem op de hoogte gesteld en hij is bereid jullie te ontvangen voor een *second opinion*, mits Buikhuis ervan weet.'

Een paar weken later staan we in een donkere, met eikenhout betimmerde praktijkruimte. De dokter draagt een donkergrijs driedelig pak onder de gestreven, openvallende witte jas. Hij geeft ons een goedverzorgde hand. Hij heeft schoenen aan met zes paar vetergaatjes. Op zijn spitse neus rust een bril met dikke glazen in een doorzichtig, verrassend roze montuur.

'Vertelt u eens wat er gebeurd is.'

Ik vertel. De man vraagt niets, luistert alleen en werpt een blik op de foto's die ik heb meegebracht. Dan moet Willem zijn schoenen uit gaan doen in de onderzoekskamer en staat Verbeuk op. Hij verdwijnt door de deur. Ik blijf bij zijn bureau zitten.

Ineens zit de dokter tegenover mij en kijkt me aan door de roze omranding van zijn bril.

'Het menselijk bewegingsapparaat is uitstekend in kaart gebracht. Orthopedisch chirurgen zijn bevlogen constructeurs. Zij zijn chirurgen en zij opereren. Dat is hun vak. Ook het mijne. Een violist moet viool spelen, een hovenier moet snoeien. Wij moeten orthopedisch chirurg zijn, in een wereld waar niet iedereen orthopedisch chirurg is.'

Willem stommelt in het zijkamertje en komt binnen. 'Gaan we, mam?'

'Flexibel. Het skelet is flexibel en gedraagt zich onvoorspelbaar. Soms is het moeilijk om te leven met de wetenschap dat wij zo weinig kunnen voorspellen. Ik wens u beiden alle goeds. Neemt u deze maar weer mee.'

Hij duwt me de foto's in de hand, we staan op de stoep, in de zon, we gaan taart eten, ik neem een glas wijn midden op de dag, we gaan weg, we gaan naar Parijs.

Brabantse wind, Belgische wind, Franse wind waait de auto binnen. Tegen de avond ruiken we de stad. Oesters, bruggen van grijze steen, parken, de rivier.

Het stadion van Paris-St-Germain. Door een wonder hebben we vier kaartjes voor de wedstrijd tegen Barcelona. Mooier kan niet. Onder de plastic overkapping aan de overkant zit Cruijff. Cruijff!

De wedstrijd is verschrikkelijk. De Spanjaarden zijn log en traag tegenover de agiele en snelle Fransen. Cruijff windt zich op, we zien hem staan gesticuleren na het derde tegendoelpunt. Zijn gezicht met de gespierde wangkwabben is vertrokken in een woedende grimas.

Een wissel. Met een bevelend armgebaar stuurt Cruijff een tengere jongen het veld op. Zijn blonde haar golft op en neer als hij naar zijn plaats rent.

'Jordi,' zegt Willem, 'hij zet zijn zoon erin!'

De jongen glipt als een goudvis tussen de forse verdedigers door op de keeper af. Het publiek fluit. Doelman en aanvaller glijden, beiden met gestrekt been, in elkaar. De bal rolt de rechterhoek in, de Spaanse spelers juichen.

De keeper is spugend opgestaan, maar de jongen zit hulpeloos op de grond, de armen achter zich gestrekt. Zijn vader loopt op een drafje naar hem toe. Over het veld haasten zich mannen met een brancard, kluiten gras vliegen in het rond. Vijftigduizend mensen beginnen te schreeuwen.

11 De toernooien

1974

Een jaar als geen ander, oranje vlammen
knetterden onstuitbaar over het veld, hoog
boven het gras vloog de kogel het doel in.

Ook wij waren winnaars, een dochter
met dijen als broodjes gierde van vreugde
omdat ze er was, in ons bed, voorgoed.

Dat ze verloren, die voetbalsoldaten, vijandig
vuur om hun oren floot – het betekende
niets, het raakte ons nauwelijks, we hadden

gewoon niet opgelet. Hoe dom, overmoedig,
onachtzaam wij waren. In dat feestelijk jaar
werd het scherpste verlies in gang gezet.

'De beleving op de training is vaak beter dan in de wedstrijden,' zegt Louis van Gaal. Hij knijpt zijn lippen samen en kijkt priemend in de camera. Voetbalclub Vi-
tesse zegt op de website 'de combinatie tussen voetbal
en beleving' te willen verdiepen; de Belgische voetbalbond ziet het opkrikken van de beleving rond de Rode
Duivels als het redmiddel voor het keer op keer tra-
gisch falende nationale elftal. Techniek en loopvermo-
gen zijn niet meer voldoende. Er moet 'beleving' zijn,
anders wordt het niets.

Van tijd tot tijd duikt er een nieuw begrip op in het
vocabulaire van de voetbaljournalisten. 'Handelings-
snelheid' was zo'n plotseling bovendrijvend concept
dat ineens door alle analisten werd gebruikt. 'Gogme'
was ook zo'n woord. Nu is het, sinds enkele jaren, 'beleving'. Niemand geeft er een definitie van, dus je moet
uit de steeds wisselende context gaandeweg ontdekken
wat het begrip precies behelst. Het heeft iets met gevoel te maken, met inzet, met waakzaamheid.

In mijn vak, de psychoanalytische psychotherapie,
waaien ook sinds een paar jaar wat nieuwe termen rond:
'mindfulness' en 'mentalisatie'. Dat zijn zaken waar je
met patiënten aan moet werken. Ze zullen ervan op-
knappen. Definities zijn gemakkelijker te formuleren
dan in het geval van de voetbalbeleving. 'Mindfulness'
is het bewustzijn van hetgeen in het hier en nu aanwezig is, het gaat om de geconcentreerde aandacht waarmee je het actuele heden beleeft. Próéf die appel, zie de
glimmende schil, belééf je honger. 'Mentalisatie' gaat

verder. Iemand die mentaliseert heeft niet alleen weet van wat er in hemzelf omgaat, maar maakt op grond van die wetenschap mentale representaties, van hemzelf maar ook van de ander, die hij een gevoelsleven toedicht analoog aan het zijne. De representaties stellen het mentaliserende zelf in staat om over eigen en andermans gevoelens, motieven en handelen te reflecteren.

Een hoop abstract geklets om aan te duiden dat het goed voor mensen is om thuis te zijn in hun binnenwereld want dat maakt het hun mogelijk te doen wat ze willen doen en het stelt hen in staat het gedrag van anderen te begrijpen. Het ging er in de psychotherapie altijd al om mensen in contact te brengen met hun echte gevoel; de moderne begrippen kan je zien als nieuwe zakken voor oude wijn.

Het is opmerkelijk dat 'beleving' en 'mindfulness' in dezelfde periode op totaal verschillende gebieden verschijnen. Is de tijd rijp voor hernieuwde aandacht voor de emoties? Heeft de ratio afgedaan? Dat zou kunnen.

Voetballers moeten tegenwoordig dus iets voelen, ze moeten mee in de flow, ze moeten inzet en hartstocht tonen en in gedrag en bewegingen van hun beleving getuigen. Het monopolie op beleving hebben ze niet; ook de toeschouwers, thuis of langs het veld, beleven van alles.

Mijn voetbalvrienden, zéér deskundige en theoretisch onderlegde voetbalkenners, tonen nooit veel beleving. Eerder zijn ze beleving, vallen ze ermee samen. Ze ademen voetbal zoals een musicus muziek ademt. Als ze met je praten overweegt de cognitieve, rationele benadering. Ze analyseren het verloop van de wedstrijd,

Louis van Gaal

ze typeren de spelers en inventariseren de eigenschap-
pen van de oefenmeesters. Ze juichen niet. Oranje
hoedjes heb ik ze nooit zien dragen.

Een groot deel van het publiek volgt hun gedachte-
gang met instemming. De afgelopen anderhalf jaar is
er getwijfeld aan de coachingscapaciteit van Marco van
Basten. Men besprak de armelijke verdedigingslinie,
het gesol met de spitsen, de conflicten tussen coach en
spelers. Men schudde het hoofd: succes op het EK kunnen we vergeten. Dat wordt helemaal niets.

Je zou dit een realistische, bijna empirische beoordeling
kunnen noemen, gemaakt door volwassen mensen op
grond van hun observaties. Maar als voetballiefde lou-
ter een kwestie was van door ratio gevoede belangstelling voor het spel zou de kijker ondanks het falen van de
eigen ploeg plezier kunnen hebben in de perfectie van
de sterkere tegenstander. Mijn voetbalvrienden hebben
dat ook.

Bij het grote publiek, en ook bij mij, gebeurt er iets
anders. We gaan geruime tijd mee met de volwassen
blik op het elftal, kijken kritisch naar de moeizame
kwalificatiewedstrijden tegen landjes als Luxemburg
en Andorra en relativeren de kansen op deelname aan
het EK. De mogelijkheid om daar een aardige prestatie
neer te zetten achten we uitgesloten.

Het wordt lente. Er staat een foto in de krant van het
hotel waar de spelers zullen slapen. De bondscoach
scheert zijn haar af en selecteert dertig mogelijke spelers. Het gaat gebeuren. De loting voor de groepswed-
strijden verloopt rampzalig: Frankrijk, Italië, Roemenië
– de sterkste tegenstanders. Hoogst onwaarschijnlijk
dat Nederland enige kans maakt dat te overleven.

Wij schrijven de data van de wedstrijden in onze agenda. Ik betrap mezelf erop dat ik me afvraag of ik nog een oranje bloesje achter in de kast heb liggen. In de hersenen van het publiek gaan gedachten rond die steeds minder getuigen van een rationele kijk op de zaak. Van Roemenië winnen we gemakkelijk. Frankrijk moet lukken. Gelijk spelletje tegen Italië. Binnen!

Kinderfantasieën zijn het, overwinningsdromen, jongensromantiek. Met de realiteit heeft dit denken niet veel meer te maken. Het lijkt of er in de loop van de tijd tussen de voorbereiding en de start van het EK een regressieve beweging plaatsvindt: de volwassen blik wijkt voor de kinderfantasie, beschouwing wordt beleving. Zo vreemd is dat niet, het kind dat wij waren blijft in ons aanwezig en resoneert altijd wel enigszins mee in ons volwassen denken en, vooral, voelen. Het is wel eigenaardig dat dit verschijnsel zo massaal optreedt en kennelijk zo enorm aantrekkelijk is dat verstandige mensen zich er kritiekloos en met vreugde aan overgeven. Waarom?

Machteloosheid is zo'n beetje het ergste gevoel dat je kan overkomen, het moeilijkst te verdragen, het meest gekmakend. Je hebt je zinnen hartstochtelijk ergens op gezet, maar het gebeurt niet en je kan daar niets aan doen. De peuter wil de hoogste toren ooit bouwen en ziet hem voor zijn voeten ineenstorten, de puber is grenzeloos verliefd en wordt afgewezen, de volwassene rekent op zijn schitterende nieuwe baan maar krijgt hem niet. Verschrikkelijk. Mensen voelen zich vernederd als ze machteloos worden gemaakt, ze schamen zich en de machteloosheid knaagt aan hun zelfwaardering. Ze voelen zich waardeloos en worden daar somber van. Om zichzelf te troosten gaan ze fantaseren.

Kinderen hebben een rijke ervaring met machteloosheid. Er is zoveel dat zij nog niet kunnen, nog niet begrijpen, nog niet bezitten. Ze compenseren het onvermogen met hun spel. Daarin zijn ze de grootste, de snelste, de sterkste. Iedereen heeft als kind deze troostfantasieën gehad. Het voetbalspel is bij uitstek geschikt om deze fantasieën weer tot leven te wekken, en het Nederlands elftal lijkt er bijna een eer in te stellen om dit proces te faciliteren. De verwachtingen worden hoog gespannen: we hebben de beste spitsen van de wereld, onze trainers zijn overal succesvol, we worden kampioen met de vingers in de neus. Maar kampioen worden we nooit, want er wringen zich gemiste strafschoppen, smerige overtredingen en blinde scheidsrechters tussen droom en daad. De rationeel denkende, volwassen voetbalkijker ziet het fiasco van verre aankomen. Het elftal kan de balans niet vinden, speelt als een natte krant en gaat aan onderling gekrakeel ten onder. Nu is er nog hoop, het duurt nog even voor het zover is, de trainer zit in een leerproces. Maar teleurstelling en de bijbehorende machteloosheid sluipen naderbij, volgende week gaat het EK van start en het publiek begint de kop in het zand te steken. Ruim baan voor de fantasie. Nu kunnen de oranje vlaggetjes boven de tv worden opgehangen. Het kritisch beschouwen is voorbij en de troostrijke beleving komt ervoor in de plaats.

Het is alsof de volwassen, verstandige persoon die wij meestal zijn even alle discipline en verantwoordelijkheid laat varen. Hij laat daarmee de gruwelijke machteloosheid tegenover het 'echte' leven achter zich, of dat nu gaat over orkanen in Azië of over de zinloze plicht de beste zorgverzekering of energieleverancier te kiezen. We weten niet tegen wie we eigenlijk vechten, we voelen dat we belazerd worden maar kunnen de inzet van de strijd niet achterhalen. We hebben geen reden om onze politieke leiders en voormannen te vertrouwen en er is helemaal niemand die in de gaten houdt of er, in welk gevecht ook, recht wordt gedaan. Machteloos zakken we achterover op de bank. Bier. De televisie gaat aan en er ontvouwt zich een overzichtelijke wereld, volstrekt tegengesteld aan de ordeloze narigheid waarmee we elke dag te maken hebben.

In het gevecht dat zich op het scherm gaat afspelen is er een doel. Het is zichtbaar tussen twee palen aan de rand van het veld. Er zijn grenzen, witte krijtlijnen die het slagveld markeren en een grote klok die de strijd afbakent in de tijd. De strijders lopen door de spelerstunnel naar buiten, met ernstige gezichten. De tegenstanders zijn, zo anders dan in het gewone leven, herkenbaar aan hun afwijkende uniformen. Onze eigen ploeg draagt feloranje. Daar kan geen andere kleur tegenop. De jongens staan er niet alleen voor, ze worden omringd door vriendelijke mannen met waterflessen en noodverbanden. De trainer is een meelevende en steunende vader die weet heeft van de betekenis van dit gevecht. Iemand die betrokken is, iemand die helpt. Hij blijft naast het veld staan, vlak bij zijn jongens. De wedstrijd speelt zich niet af in rechteloosheid; er zijn regels en die worden gehandhaafd. Dat doet de scheidsrechter. Als hij op zijn fluit blaast valt het bitterste handgemeen stil.

Verschillende geleerden hebben beweerd dat de voetbalwedstrijd bij uitstek geschikt is om, in gesublimeerde vorm, allerlei dubieuze gevoelens aan te beleven. De zucht naar heldendom, de hang naar vaderlandsliefde, het verlangen naar oorlog. Ik ben ervan overtuigd dat ze gelijk hebben. Ook denk ik dat de aanblik van tweeëntwintig voetballers in elk geval bij de mannelijke toeschouwers herinneringen wakker roept aan een prettige, relatief conflictvrije periode uit hun jeugd. Een tijd, zo tussen de tien en dertien jaar, die gekenmerkt was door het belang van lichamelijke vaardigheden, de vreugde in het samenspelen en de bevrediging die ongecompliceerde jongensvriendschap verschaffen kan. Voor de kijkende vrouwen geeft het schouwspel misschien een glimp van het antwoord op de vraag hoe het is om een jongen te zijn.

Allemaal waar. Allemaal aantrekkelijke verklaringen voor de uitgebroken Oranjekoorts. Ze leggen het af tegen het genot van de regressie, tegen de bevrijding uit de machteloosheid, tegen de vlucht in de kinderfantasie. Niks beschouwing. Het is tijd om te gaan beleven. Gisteren heb ik een bak oranje afrikaantjes gekocht. Straks fiets ik even naar de bakker voor de eerste oranje tompoezen.

De aardbol draait onverbiddelijk
naar het wk, windt de tijd af
tot het moment van verlangen.

Feller de kleuren; heviger de druk
op maag en schouders; kariger,
korter de zinnen die wij denken.

We ademen voorzichtig met kleine
teugen, wenden de blik naar boven,
merken dat wij wensen, bezweren,

smeken: bescherm Dirk Kuijt,
spaar de knieband van Robben,
zegen de pezen van Van Persie.

Robin van Persie en Arjen Robben

Als ze winnen zullen ze elkaar omhelzen
liggend in het gras, zingen ze liedjes
in de bus en gaan ze niet naar huis,
nog lange niet, want als ze winnen dekt

een feloranje hemel alle wanhoop toe
en wist kwetsuren uit. Gezwellen slinken
en verloren kiezen staan weer gaaf
in het gebit. Wie kaal was krijgt een kop

vol haar. De doden komen terug: de vader
van Dirk Kuijt, de vriend van Engelaar.
Als ze maar winnen danst mijn dochter
door het huis en hangt de vlaggen uit.

Iets moeilijks doen in een leven-of-doodsituatie vraagt om een voorbereiding. Je moet het Kunnen en je moet het Durven. Een leger van dansers, toneelspelers en muzikanten ging ons voor. Het Kunnen oefenen wij aan het begin van de training, iedere dag. Wij leren de juiste bewegingen in een vaste volgorde. Bij falen analyseren we wat er niet goed ging. Wij doen niet aan variatie en improvisatie. Wij moeten tot in details weten wat wij doen. Het doel is: BEHEERSING!

Het Durven heeft pas kans van slagen als wij zeker zijn van het Kunnen. Men zegt dat de durf niet is in te studeren. Dat is onzin. Wij hebben VOORSTELLINGSVERMOGEN.

Wij denken ons de situatie in: het publiek, het licht, de gespannen stilte. Zo veel mogelijk bootsen we de bedreigende omstandigheden na. Wij oefenen dus aan het eind van de avondtraining, vermoeid, bezweet en opgewonden. De anderen staan stram naast elkaar met strakke gezichten te kijken. Een camera registreert wat er gebeurt.

De spieren beginnen te trillen, de mond wordt droog en het hart bonst. Nu mag de speler, zonder haperen of overdoen, één keer zijn kunst vertonen.

Als het fout gaat, wordt daar pas de volgende ochtend aandacht aan besteed. Daarbij onthouden we ons van dieptepsychologie (angst voor de triomf, onbewuste strafbehoefte, lust in het lijden), want de arena is geen divan en er moet gewonnen worden.

In het uur van de waarheid vallen verbeelding en werkelijkheid samen. De virtuoos weet wat hij moet doen en weet dat hij het kan. De zenuwen geven een vertrouwd gevoel, de spanning wordt met opluchting herkend. De uitvoering hoeft niet perfect te zijn, slechts goed genoeg.

En daar is op getraind.

De trainer draagt de metalen theeketel in de ene hand en een blad met kopjes op de andere. Als hij zich het kleedhok in heeft gemanoeuvreerd schopt hij de deur achter zich dicht. Geen toegang meer voor moeders, nu de zonen een jaar of tien zijn. Moeders mogen juichen aan de rand van het veld, ze mogen naast de doelpalen staan om hun keepende kind een hart onder de riem te steken, ze mogen de tas met kleffe kleren in de auto zetten en hun voetballende jongen naar huis rijden. Tot de onversneden werkelijkheid van het jongensleven worden ze niet toegelaten. Dat is verboden terrein. Privé. Geheim.

Op weg naar huis, in de auto, voelt een béétje moeder wel aan dat ze niet door moet vragen. Als ze dat toch zou wagen zou ze vermoedelijk geen antwoord krijgen. De uitgeputte zoon tuurt zwijgend door de voorruit. Op zijn slaap zit een zwarte veeg. Ze moet hem manen zijn autogordel om te gespen.

Wat willen ze weten, de moeders, de buitengeslotenen, het leger van mensen dat niet meer de kleedkamer in mag? Hun honger is immens, de keerzijde van elk verbod is nieuwsgierigheid. Het kind dat ze door en door kende – elke hap door zijn keel werd door haar bereid, elk verhaal dat hij kent werd door haar voorgelezen – heeft een eigen, particulier stukje leven verworven. Hoe ziet dat eruit? Wat gaat er om in de zwijgende jongen? Dolgraag wil de moeder weten wie waar zit op die smerige banken in de kleedkamer. Wat de trainer zegt. Hoe de jongens reageren. Of ze wel reageren. Hoe haar zoon zich beweegt over het vochtige beton van de vloer. Wat hij dan denkt. Of hij grappen maakt, en met wie dan? Pesten de jongens elkaar, wordt er gevochten? Zingt iemand een liedje, spreekt de opperjongen zijn maten toe? Zijn ze bang?

Waarschijnlijk speelt er niets van enig belang, maar wie buiten de deur wordt gehouden wil alles weten. Alles.

Het leven van de meest legendarische jongens, de leden van het Nederlands elftal dat in 1974 de wk-finale tegen Duitsland verloor, is gelukkig goed gedocumenteerd. Het mooiste boek is geschreven door Auke Kok en verscheen in 2004 – dertig jaar na de noodlottige wedstrijd. De buitengeslotenen kunnen er alles in vinden: het karakter van de spelers, hun bijgeloof en bizarre gewoontes, hun onderlinge omgang, de pesterijen en de vriendschappen. Bovendien schetst de schrijver aan de hand van de spannende gebeurtenissen een prachtig tijdsbeeld en voert hij de lezer mee tot in de kelders van Waldhotel Krautkrämer. Wat daar besproken wordt, en gedronken wordt, en wordt uitgevreten – dat krijgen we te weten.

De generatie van spelers die in 1974 op hun hoogtepunt waren is door de loop van de geschiedenis beroemd geworden, en het spreekt vanzelf dat er over die jongens veel is geschreven. Zo is er ook overvloedig informatie te vinden over het elftal dat er in 1988 in slaagde om Europees kampioen te worden. De biografie van Jan Wouters. Het standaardwerk over de broers Koeman. Boeken over Van Basten, Rijkaard, Gullit. Een mooi historisch overzicht ontbreekt, maar de liefhebber kan zich verheugen in talloze aardige feiten.

Het voetbalsucces lijkt te bepalen of leven en loop-baan van de spelers in documenten beschikbaar en toe-gankelijk blijven. Dat is jammer. Er bestaat een hele generatie van verloren jongens over wie we nooit meer iets zullen horen. Hoe zou het zijn met Glenn Helder? Ik zie hem zitten achter de piano, omringd door zes, zeven medespelers. Ze staan te zingen. Wat? Waarom? Hoe ging het verder? Hoe leerde Glenn eigenlijk piano-spelen? Van wie?

We herinneren ons de verloren jongens uit flarden van televisieprogramma's en interviews in voetbalbladen die al jaren geleden met het oud papier zijn meegegaan. Herinneringen die niet zo nu en dan getoetst worden aan concreet materiaal raken vertekend. Ze vervagen, en uiteindelijk verdwijnen ze. Had Aron Winter wer-kelijk een boodschappentas vol *Lucky Luke*-strips bij zich tijdens het WK 1994 in Amerika? Rob en Richard Witschge namen nooit een boek mee, want: 'Aron heeft wel een paar strippies voor me'.

Diezelfde Aron deelde tijdens een ander toernooi een kamer met Giovanni van Bronckhorst. Ik zie ze naast elkaar staan met ernstige gezichten, bezig met het op-vouwen van hagelwitte onderbroeken op keurige sta-peltjes. Kan haast niet waar zijn. Had Auke Kok het maar opgetekend, dan kon ik het nalezen.

In 1994 won Nederland van Saoedi-Arabië, 2-1. Gas-ton Taument, drager van gebloemde, getailleerde bloes-jes, afgestudeerd in het modevak, kopte er eentje bin-nen. Na afloop schreeuwde hij het uit, met opgewonden verbazing: 'Met me hóóf, memme HOOF!!' Ed de Goey, verloren keeper, stond er apathisch naast.

'Wat ga je doen vanavond, Ed, na deze schitterende overwinning?'

Stilte. Ed denkt. 'Met Gaston en Ulli. Sappie drinken.'

Sommige jongens worden door latere publicaties weer even tot leven gewekt. De biografie van Winston Bogarde riep een beeld op van deze enorme zwarte reus, zittend op de rand van een bagageband op een vliegveld – EK 1996, Engeland? – met een piepklein baby'tje in zijn armen.

Onlangs stond er een reportage in de krant over de pas opgerichte stichting van gelovige sporters. Een grote foto van een blijmoedig omhoog kijkende sportman domineerde de pagina. Zijn in gel gedrenkte krullen dansten op zijn voorhoofd. Achter hem rezen orgelpijpen

op. Hij hield een grote zaklantaarn in zijn handen, zo een die je aan de deurpost van rustieke houten schuren ziet hangen als je door Overijssel wandelt. Vermoedelijk concretiseerde de verloste voetballer, want dat was hij, daarmee dat hij het licht had gezien. Bert Konterman. Indertijd zó enthousiast over het onderkomen van het Nederlands elftal in het trainingskamp dat hij het hotel prompt besprak voor zijn aanstaande huwelijksviering. Nu strijdend met Jezus aan zijn zijde.

Omdat niemand de verliezende jongens in een boek opvoerde blijft de herinnering aan hen bij flarden en flitsen. Dat is eeuwig zonde. De spelers, de begeleiders en de interactie tussen alle betrokkenen geven een onvervangbaar tijdsbeeld dat niet afhankelijk zou moeten zijn van het succes op EK of WK.

Daarom is het goed dat Auke Kok aan de vooravond van het WK 2006 in Duitsland de jongens portretteert die voor de uiteindelijke selectie in aanmerking komen.* Hij geeft in kleine vignetten informatie over de plaats waar zij opgroeiden, de samenstelling van het gezin van herkomst, hun karakter en hun voetbalvaardigheden. Als we winnen kan je voor in het boek het overzicht van de gespeelde wedstrijden plakken nadat je de uitslagen hebt ingevuld, zodat je voor altijd een trotse herinnering in de kast hebt staan.

Als we er in de eerste ronde worden uit gespeeld is dit boek eigenlijk nog meer waard. Dan bezit je een getuigenis van de geestdrift en de roekeloze overmoed waarmee onze jongens naar Duitsland vertrokken. Kok zorgt ervoor dat deze verliezers nooit verloren zullen gaan. Hij zet voor ons de deur van de kleedkamer op een kier.

*Auke Kok , *Onze jongens*, ThomasRap 2006

Met z'n zessen in de kleine bus naar Parijs.
De spoeling is brijig van verheugen en verhoogd
besef van reis. In de bus is het goed. Hij bijt

in asfalt, laat zich trekken naar de stad, bereid
zich mee te laten zuigen naar het hart van wat
wij willen. Door zijn uitlaat knallen onze jaren,

hypotheken, boeken, baby's, pillendozen, brillen.
Naar het feest! We stuiteren als ballen op de kade;
banieren op de bruggen, vlaggen langs de waterkant.

We vinden oesters in de eetzaal, wijn in het paleis,
trillen tot rust op een terras. Waar is het feest?
Het feest is in een kleine bus, zich haastend naar Parijs.

iii Clubliefde

– Nog verdwaasd door het ontslag bij Feyenoord en aangeslagen door het rommelig afscheid van sommige hem na staande spelers, die huilend bij hem op de bank hingen met een glas melk in hun vuisten, reist hij naar Saoedi-Arabië. Hij wordt ontvangen in een marmeren paleis door mannen met tulbanden, brillen en jurken. Op de lage tafel staan schalen met oosterse gerechten. Hij zakt onderuit en staart. Van een enorm brood breekt Willem van Hanegem grote hompen af die hij aan zijn zoontjes geeft. De jongens rennen etend rondjes om de tafel en komen terug voor meer, keer op keer.

– Het verhaal gaat dat hij een aanbod kreeg om in een ver land te komen voetballen. Ja of nee? Het gezin kwam er niet uit, de stemmen staakten. Toen liet hij de hond beslissen. Ik weet niet hoe. Reisde hij met de hond naar het verre land en keek hij of die het naar z'n zin had? Misschien bleef hij gewoon op de bank zitten wachten: als Bello op schoot springt gaan we, als hij voor de haard in slaap valt blijven we thuis.

– Tweeëntwintig kleuters kleedden zich in piepkleine Ajax- en Feyenoordshirtjes om voor een televisieprogramma een wedstrijd te spelen. Het was koud. Louis van Gaal coachte de Ajaxploeg en keek omhoog. Hij wees met stramme gebaren naar het doelgebied en brulde commando's. Van Hanegem begeleidde de kleine Feyenoorders en keek naar de grond. Gedurende de hele wedstrijd knoopte hij veters dicht en snoot hij jon-

Willem en Truus van Hanegem

gensneuzen in z'n eigen zakdoek. Een bibberend kind schurkte zich tegen zijn been. Je moet meedoen, zei Willem, ga maar hollen, dan word je warm.

– Toen hij geboren werd stond er bij de buren of aan de overkant een huis in brand. Oorlog, ongeluk? De man die nooit de vader van Willem van Hanegem zou worden stormde er naar binnen om een baby'tje te redden. Hij stierf. Het kind overleefde en verschijnt vijftig jaar later op de televisie: een dikke, verlegen man in een te krap jasje. Licht gegeneerd vertelt hij over zijn wonderbaarlijk levensbegin. Van Hanegem zit erbij en kijkt voor zich uit. Later slaat hij de man op de schouders en mompelt iets dat niemand verstaat.

– De tribunes in Alkmaar worden traag en precies geveegd door een stel mongolen. Ze voelen zich in dienst van Willem van Hanegem die daar trainer is. Vroeger, toen hij er speelde, veegden ze ook. Tijd is voor de zwakzinnige een taaie stroop. Willem weigerde om in de bus te gaan zitten voor een triomftocht als 'die gasten' niet mee mochten. Hij won, iedereen klom de bus in en het was fantastisch op het bordes. Twintig jaar later vertelt hij erover en barst in snikken uit.

– Kleuter, hond en mongool krijgen wat hij zelf nooit kreeg. Hij geeft net zo gul als de man die zijn leven liet voor de baby van de buren. Maar iets in die hulpvaardigheid ontroert hem en brengt hem in tranen.

– Truus. Waar is Truus?

Als je dan doodgaat staat er een leger
op de Coolsingel, laten mensen hun vensters

bedekken met spandoeken waarop jouw beeld;
ze roepen je naam en ze werpen met bloemen,

zwaaien met fakkels langs oevers en bruggen;
schepen spuiten waaiers van tranen de nacht in.

Het nieuws toont in zwart-wit de beker, geluk
dat jij gaf aan miljoenen. Dat lukt bijna niemand.

Je trekt met je schouders. Ik zou het niet graag,
zeg je, overdoen. Ze verstaan je verkeerd.

Je zwemt in hun vreugde, verering, of liefde.
Je bent je kind kwijt. Je bent moe.

Coen Moulijn

Ik mag Bengt Ove Kindvall interviewen. Het plan is dat ik daarvoor naar Zweden zal vliegen om hem in zijn eigen huis, gelegen in het provinciegat Norrköping, te bezoeken. Fijn, misschien heeft hij van die dubbele Zweedse gordijntjes voor zijn ramen, met ringen bevestigd aan een glimmende koperen stang. Een boekenkast. Muren vol aandenkens aan zijn glorietijd. Een keuken waar het naar Zweedse cake ruikt. Ikea-meubels of rustiek boeren? Ik zal het nooit weten want het gaat niet door. Kindvall komt naar Nederland, dat doet hij zeer regelmatig, en ik zal hem ontmoeten in de lobby van zijn hotel, het Hilton in Amsterdam.

Om precies elf uur ben ik daar, een exemplaar van *Hard gras* met het logo zichtbaar tegen de borst geklemd. Hij kent mij niet en ik weet niet hoe hij er nu uitziet. Er zitten heel veel mannen in de lobby, en nog meer buiten op het terras, want het is een mooie zomerdag. Ik loop alle mannen af en kijk ze aan. Volgens mij zit er geen Zweedse spits tussen. Het meisje achter de balie laat me zijn naam spellen, ik hanteer als aangetrouwde Zweedse natuurlijk de Kuiphof-uitspraak, en belt naar zijn kamer. 501. Geen gehoor. Ze gaat op zoek in ontbijtzaal en fitnessruimte. Collega's van haar komen erbij, een jongen weet om wie het gaat, een beroemde voetballer van vroeger, zegt hij, maar hoe hij eruitziet weet bij niet. Een stevige donkere vrouw kan me meer vertellen: 'I saw him, you know, he's very casually dressed, just a T-shirt and jeans. Very long, a very long person.' Ze neemt me mee naar het terras en begint de obers te ondervragen. 'Hij was hier net nog,' zegt een keurige man met een klein snorretje, 'met een hele mooie vrouw.'

Sms'en met Hugo Borst. Ik zit inmiddels op het terras en krijg koffie terwijl het baliepersoneel de speurtocht voortzet. Het is z'n eigen vrouw, meldt Hugo, en Kindvall is zeker niet lang. Slank, grijs, bescheiden van omvang en ook van karakter. Hij weet ervan, hij zal zeker komen, want hij is ook zeer betrouwbaar. Ik wacht rustig af en zie een andere Zweed rondscharrelen: Lennart Johansson, in het echt een minder corpulente indruk makend dan op tv. Ik rook een sigaret en meteen komt de ober een asbakje brengen. Als Kindvall niet komt kan ik altijd nog een beschrijving maken van deze ochtend, denk ik, dat is ook onderhoudend en leerzaam. Nee, geen zorgen.

Achter mijn rug klinkt Nederlands met licht Zweeds accent. Ik draai me om en zie een keurig echtpaar, ze maken beiden een vrolijke indruk en geven me een band. De man is inderdaad verre van lang, en bovendien verzorgd gekleed in overhemd met blazer. In het knoopsgat een soort ridderorde met Zweedse vlag erboven. Goed gepoetste zwarte schoenen met donkere sokken. Ik kijk altijd even naar de schoenen.

Zijn vrouw gaat winkelen, ze spreekt net als Kindvall zelf goed Nederlands. Zullen we binnen zitten of buiten, hoelang zal het ongeveer duren, vanmiddag vliegen ze terug namelijk, en wil ik het gesprek in het Nederlands of in het Zweeds doen? Wat een vriendelijk gezicht heeft hij, gewoon aardige ogen, prettige stem ook – zo moet je je gedragen als je geïnterviewd wordt, denk ik, niet dat sikkeneurige en jachtige gedoe waar ik mezelf nogal eens schuldig aan maak.

We blijven buiten zitten en de voertaal is Zweeds. Van *Hard gras* heeft Kindvall nooit gehoord, hij bladert het meegebrachte nummer even door maar lijkt niet echt geïnteresseerd. Ik zeg dat ik het graag met hem over Nederland en Zweden zou willen hebben, de verschillen, de overeenkomsten, is dat goed?

'De absoluut mooiste vijf jaar van m'n leven,' zegt hij. 'Van het gezinsleven ook. Topjaren.' Hij straalt.

'Ik was een jongen van 23 toen ik hierheen kwam, het was toen heel anders dan nu, nu kan je van de ene dag op de andere van club veranderen, maakt niet uit. Toen was het een overgangsprocedure van minstens twee maanden. Ik speelde in Norrköping, daar woonden wij, maar ik wilde prof worden. Dat bestond niet in Zweden, daar had je alleen amateurs. Je kon niet verdienen. Ik had aanbiedingen uit verschillende landen maar ik koos voor Feyenoord omdat ik wel eens in Holland geweest was en dacht dat het behoorlijk op Zweden leek. Ik woonde thuis, bij mijn ouders. In mei '66 ben ik getrouwd, en in die zomer vond de overgang plaats. Mijn ouders vonden het wel moeilijk, maar je kon toen ook al op en neer vliegen, en zo ver is het ook niet. Eerst was ik heel blij, maar gaande de zomer werd ik ook wel gespannen. Mijn allerlaatste wedstrijd speelde ik in Norrköping tegen AIK, daar was Lennart Johansson toen trainer, heb je hem gezien? Hij loopt hier ook rond, we zien elkaar vaak. We wonnen met 6-0, ik maakte er vier. De mensen snikten omdat ik wegging. Het was op een donderdag. Zaterdag speelde ik met Feyenoord tegen Sparta. Tja. Het ging ineens erg snel.

Eigenlijk was het lastig, dat eerste halfjaar. Moeilijk. Het voetbal zelf was zo anders dan ik gewend was, en

Ove Kindvall (Foto: © ANP)

ik begreep niet wat ze zeiden. Je moet je weg vinden in zo'n team, weten wie die jongens zijn, hoe ze zijn. Het werd winter en het was zo nat! Wij spelen niet in de winter, en nat is het dan bij ons ook niet. Ik houd niet van voetballen in de modder. Toen had ik een inzinking.' Hij gebruikt het Nederlandse woord, kijkt me aan en lacht een beetje verlegen, alsof hij wil controleren of het mag, een inzinking hebben in het prachtige Nederland. Meteen daarna somt hij een groot aantal positieve factoren op die hem hielpen het leven hier onder de knie te krijgen.

'Ik heb altijd belangstelling gehad voor taal, ik deed ook talen op de middelbare school, Engels natuurlijk, Duits en een beetje Frans. Mijn vrouw en ik lazen hier de krant en keken naar de televisie; dan bespraken we met elkaar wat dit of dat woord zou betekenen. Een cursus hebben we nooit gevolgd, het ging eigenlijk vanzelf. We woonden op een flat in Rotterdam-Zuid, niet ver van de Kuip. Ze helpen je daarmee, weet je, Jan Mastenbroek deed dat voor de club, dat doet hij nu nog. Als een nieuwe jongen een bankstel nodig heeft, of een telefoonaansluiting, dan doet hij dat. Hij is mijn beste vriend geworden. Er waren ook wel Zweden in Rotterdam met wie we omgingen, mensen die in de haven werkten. En Harry Bild was er. Die zat er al een jaar en kon me wegwijs maken bij de club. Met hem en z'n vrouw trokken we veel op. Mijn vrouw was zwanger, de eerste is hier geboren. Een zoon. Later hebben we nog twee dochters gekregen. Ik heb vijf kleinkinderen!

Die manier van omgaan met elkaar zoals het in Nederland gaat, dat waren wij niet gewend. Na die eerste, moeizame periode hadden we ook Nederlandse vrienden. Dat je zomaar bij elkaar langs kon gaan! Zonder afspraak! Dat makkelijke, dat was heerlijk, een ontdekking dat het niet zo formeel en terughoudend hoefde als in Zweden.

Toch misten we het contact wel hoor, met de familie. Je kon ook nooit weg, altijd moesten we spelen. Tweede kerstdag, nieuwjaarsdag. Altijd. Nu hebben ze wekenlang vrij. Mijn vader kwam zeker acht keer per jaar, bij wilde de wedstrijden zien. Later kwam mijn moeder ook mee. In de zomer gingen we natuurlijk naar huis, dan gingen we varen, namen we de Tor Line met de auto vol spullen. Eigenlijk kregen we heimwee na zo'n jaar of vijf. De oudste zou naar de lagere school gaan, dat is ook een moment om beslissingen te nemen. Mijn vrouw had iets met haar longen en verdroeg het vochtige klimaat niet goed. Ik had steeds een jaarcontract en kon wel voor een jaar bijtekenen, maar ik vond dat ik te weinig betaald kreeg. Ik had alles gewonnen, Europacup, Wereldcup, alles wat je kan winnen had ik gewonnen. We gingen terug.'

Weer Norrköping, weer amateurvoetbal. Het moet een heroïsche aanpassing geweest zijn. Kindvall nam een baan in de kartonverkoop en om mij te tonen waar het om ging pakt hij het kartonnetje waarop het menu gedrukt staat tussen duim en wijsvinger en zwaait ermee heen en weer. Zonder woorden. Hij heeft er nog vier jaar gespeeld, overdag karton verkopend. Toen hij in Göteborg een betere baan kon krijgen verhuisde het gezin daarheen. Nog twee jaar voetbalde hij in de eerste divisie van Zweden, toen was het genoeg. Het was 1977.

Is het moeilijk te verdragen dat voetballers nu zoveel meer verdienen dan hij toen?

'Ik vind dat voetballers heel veel mogen verdienen.

Ze zijn het waard. Ja, soms vind ik het waanzinnige sommen, maar er gaat heel veel geld om in die wereld en de voetballers mogen daar best deel aan hebben. Je kan nu in tien jaar zoveel verdienen dat je nooit meer hoeft te werken. Dat had ik niet. Ik heb er wel iets aan overgehouden hoor, een mooie villa en een buitenhuis-je aan de Zweedse scherenkust, zo mooi is het daar, ik kocht het 35 jaar geleden, het ligt op 50 kilometer van ons huis. Ik mag daar graag wat knutselen, timmeren of de boel schilderen. Dat is eigenlijk mijn vrijetijdsbeste-ding. Want ik werk nog! Ik zit in de sponsoring, voor de Zweedse voetbalbond sluit ik sponsorcontracten af en daarom heb ik met alle Zweedse spelers contact. Ibra-himovic, al die jongeren – ik ben een soort papa voor ze. Ze weten vaak niet eens hoe succesvol ik ben geweest. Hoeft ook niet. Met Henryk Larsson heb ik natuurlijk vele gesprekken gehad toen hij naar Feyenoord ging. Trainer heb ik nooit willen worden, dan moet je wer-kelijk voor 120% met het voetbal bezig zijn en dat is me te veel. Ik ben liever zelf actief, beetje hardlopen, beetje tennissen, golfen. Met wat ik nu doe ben ik erg tevreden, ik sta volop in de voetbalwereld maar ik heb toch tijd voor andere dingen. Mijn vrouw werkt in een schoenenwinkel, dat vindt ze leuk. Onze zoon is ook voetballer geweest, hij speelde in Hamburg, bij HSV, en ook in de Zweedse competitie. Mijn dochters interes-seert het niet, hoewel de jongste ook heeft gevoetbald.'

Je thuis voelen en heimwee hebben, dat komt nogal eens tot uiting op culinair gebied. Miste hij de Zweedse keuken in de jaren hier?

'Heerlijk vond ik het eten hier! Saté, het lekkerste dat ik ooit geproefd heb. Hadden ze in Zweden helemaal niet in die tijd. Mijn vrouw kan goed koken, ze kocht gewoon de ingrediënten en maakte Zweedse gerechten. Gehaktballetjes, pytt-i-panna, Jonsons frästelse. Ging prima. Eten in restaurants was een ontdekking, dat kenden we niet. Op maandag had ik meestal vrij en reden we met het hele gezin naar Breda of naar Dordrecht om uit eten te gaan. Niks bijzonders hoor, biefstuk en een aardappeltje. Mijn vrouw kookte ook wel Hollands, erwtensoep of boerenkool. Nou ja, sommige dingen miste je toch, zoals koffie. Die extra gebrande koffie die ze in Zweden hadden kenden ze hier niet. Dat was een gemis. Mijn ouders brachten dat dan mee. We hadden een kast voor Zweedse spullen. Kaviaar! Hard brood!'

De Zweedse kaviaar is een zoetig product gemaakt van onduidelijke visseneieren, verpakt in een tandpastatube met een blond jongetje erop die Kalle heet. Je knijpt het uit de tube zo op je (harde) boterham. Alle Zweedse kinderen zijn er gek op. Knäckebröd noemen de Zweden 'hard brood', om het te onderscheiden van het gewone, zachte. Het toppunt van de Zweedse keuken is gistende rotte haring uit een bolstaand blik: sürströmming. Het blik wordt buiten geopend zodat de vrijkomende, met kracht wegspuitende stralen het huis niet voor eeuwig doen stinken. Ook het eten gebeurt bij voorkeur in de tuin. Het is een zomergerecht. Kindvall heeft er nooit van gehouden en miste het niet.

Terugkijkend op zijn tijd als voetballer zegt hij dat het succes hem toch heel sterk beïnvloed heeft.

'Ik probeer met beide benen op de grond te blijven, en dat lukt me ook. Zo ben ik opgevoed. Mijn vader was handelsreiziger in textiel, Norrköping is een textielstad. Mijn moeder was thuis, ze zorgde voor ons. Heel gewoon allemaal. Ik heb een broer die zes jaar jonger is, weet je dat die enorm bekend is in Zweden? Hij werkt bij de radio en maakt programma's voor de jeugd, top tien, top honderd, popmuziek. Hij is heel populair, voor- al bij jongeren, terwijl hij natuurlijk ook al oud is.

Dat succes is voor mij bepalend geweest. Dat kan nie- mand mij afpakken, dat is er geweest en dat blijft bij me. Er zijn twee kernmomenten. Het ene was in 1969, toen ik de grote Zweedse sportprijs kreeg. Vlak na de WK- kwalificatiewedstrijd tegen Frankrijk was dat. We had- den al twaalf jaar niet meegedaan en daarvoor, in '58, waren we gastland, dan doe je altijd mee. Nu wonnen we met het nationale elftal in de beslissende wedstrijd van de Fransen, met 2-0. Ik maakte die goals, één uit een strafschop en één gewoon. Je kunt je niet voorstellen wat er toen gebeurde: door duizenden mensen werd ik in de lucht geheven en naar het banket gedragen. Het was wel een kilometer ver! Mijn moeder zag ik staan, ze huilde. Toen kreeg ik dus die Heldenmedaille.

Het andere moment was het winnen van de Europa- cup.'

Kindvall leunt achterover. Zijn oog valt op mijn sigaret- tenpakje en meteen rukt hij rookwaren uit zijn binnen- zak. We steken op.

'Altijd gerookt. In de jaren 70 was dat heel gewoon, we deden het allemaal. Nu mag het nergens meer. In Zweden hebben veel restaurants nu een plekje bui- ten, op de stoep, met een zeil eroverheen en soms een kachel, als het koud is. Daar sta je dan. Thuis rook ik nooit binnen, ik ga op het balkon staan of in de tuin. In de auto doe ik het ook niet. Maar het is wel lekker, zo. Terrassen, dat had je daar niet. Nu wel, maar toen niet.

Dat vonden wij heerlijk toen we hier kwamen, dat je buiten kon zitten eten.'

Het is dinsdagmorgen, tegen twaalven. Ik zit met Bengt Ove Kindvall op een terras in Amsterdam een sigaretje te roken.

Ed de Goey

FOTO VAN ED

Hij hangt bij ons al jaren op de gang
te gillen achter glas. Hij waarschuwt
voor een ongezien gevaar. Meewarig

gaan wij 's nachts aan hem voorbij. Zijn mond
staat strak van angst, de neusvleugels
sperren zich panisch verder uit elkaar.

Hij wijst ons zonder handen op wat komen
zal. Wij zien het niet. Een kogel nadert
die hij nimmer klemvast vangen kan.

Wij halen onze schouders op. Een uitgelachen
doelman naast de linnenkast, bang voor de bal.

Nu de granaat ontploft is wil ik dat hij
zwijgt. De dwangbuis van zijn waakzaamheid
moet uit. Hij staart bewegingloos

naar iets buiten zijn lijst; hij blijft
bewaker van de wanhoop in ons huis.

De VPRO gaat weer een thema-avond maken. Over 'Beschaving' zal het gaan, vertelt de programmamaker door de telefoon. De manier waarop is heel bijzonder, vindt hij, want schrijvers moeten een tekst maken die dan door iemand anders zal worden voorgelezen in het programma. Hoe? Wat? Waarom?

Margriet de Moor bijvoorbeeld, legt de programmamaker uit, die schrijft een stuk over beschaving en Henk Schiffmacher draagt dat voor. Voor jou hebben we Dirk Kuijt in gedachten.

Ik snap het niet, laat het me nogmaals uitleggen. Ik schrijf iets dat ik niet zelf voorlees maar waar ik wel achter sta? En Kuijt dan? Hoezo?

Het wordt niet duidelijk. Achterdocht bevangt mij. Zou de VPRO het een geinig idee vinden dat zo'n kale, getatoeëerde man een beschaafde, kunstzinnige tekst uitspreekt? Ik wil niet dat er om Dirk Kuijt wordt gelachen, daar werk ik niet aan mee.

Nee, nee, dat is de bedoeling niet, zegt de maker als hij eindelijk lijkt te begrijpen wat mijn bezwaar is. Het gaat er niet om iemand belachelijk te maken, maar om cultuur als product, universeel wellicht, en beschaafd gedrag als proces.

Ik haak af. Tijdens het gesprek denk ik aan Kuijt. Zou leuk zijn hem een keer in het echt te zien, de redder van Feyenoord.

Als ik Dirk Kuijt nou eens vraag wat beschaving voor hem betekent, stel ik voor, en dan opschrijf wat hij zegt. Dan kan hij een tekst voorlezen waar hij achter staat, dan zijn het zijn eigen woorden.

Stom, denk ik meteen, ik maak mezelf overbodig. Waarom zou Kuijt niet zonder mijn hulp iets over beschaving kunnen zeggen? Zo komt het nooit tot een ontmoeting.

Maar de VPRO vindt het een goed idee. Een monoloog van zes minuten moet het worden. Hij gaat het regelen.

Dus rijd ik op een zonnige dag met de programmamaker naar Rotterdam. We mogen het kleedkamergebied in, de training is net afgelopen en Dirk komt er zo aan. We worden naar een kleine kantine gebracht waar ronde tafeltjes staan met stoelen eromheen. De ramen zijn hoog als bovenlichten, zodat de voetballers niet naar buiten kunnen kijken en zich totaal op hun sportlunch kunnen concentreren. Omdat ik graag onder vier ogen met Kuijt wil praten gaat mijn compagnon een ommetje maken. Blocnote, pen, vragenlijstje. Ik ben klaar.

Dan komt hij binnen, fris onder de douche vandaan, op witte sokken. Hij heeft er zin in, over beschaving praten doet hij graag.

De twijfels vallen van me af, dat ik meewerk aan een programma waarvan de essentie me ontgaat kan me nu even niets schelen, ik wil gewoon weten hoe zo'n plotseling rijk en beroemd geworden vissersjongen denkt, zien hoe hij kijkt, horen hoe hij spreekt.

We praten wel anderhalf uur en ik hoef geen moment op mijn vragenlijst te kijken. Hij was schilder, hij heeft drie zussen, hij is gelovig, hij heeft ideeën over opvoeding, over rechten en plichten. Van een bevriende sportjournalist hoorde ik dat Kuijt uitsluitend correcte uitspraken doet, ook als je zegt dat dat nu even niet hoeft. Hij kan gewoon niet anders. Komt dat even goed

Dirk Kuijt met rechts naast hem Anna Enquist (Foto afkomstig uit het privéarchief van Anna Enquist)

uit, met ons gespreksonderwerp.

We zitten nog midden in het gesprek ('Waar geld is zitten boeven! Ik vertrouw alleen mijn familie!') als iemand van de club hem komt halen, het heeft lang genoeg geduurd vinden ze.

Kuijt glimt nog als hij afscheid neemt, hartstikke fijn gesprek zegt hij en hij geeft me een stevige hand. Ik zal hem de tekst sturen, kan hij nog even kijken of ik zijn gedachten goed heb verwoord. Hij heeft een mailadres samen met zijn vrouw Gertrude.

Op de avond van de uitzending kan ik niet kijken, maar de omroep stuurt een dvd. Daar vlieg ik doorheen tot ik op Dirk stuit. Hij doemt op uit het donker, zijn engelengezicht met de blonde krullen en de oren als kleine vleugels is deskundig belicht. Hij draagt een Feyenoordshirt en spreekt ernstig de tekst uit die ik voor hem opschreef:

'Als ik het woord "beschaving" hoor, is het eerste wat bij me opkomt: respect.

Ik heb thuis geleerd om respect te hebben voor Opa en Oma, want die hebben veel meegemaakt. Voor mijn vader, want die werkte als visser zo hard om het geld voor ons gezin binnen te slepen. Je kijkt op tegen mensen die iets kunnen. Het rare is dat het te véél kan worden, dan verandert respect in onderdanigheid, en andersom gaat de directeur dan neerkijken op, bijvoorbeeld, de schilder. Ze vergeten dat iedereen gelijkwaardig is, of je nou veel kan of weinig.

Ik ben daar pas over gaan nadenken toen ik profvoetballer werd. Ineens had ik aanzien. Daarvóór was ik gewoon schilder. Ik bleef dezelfde Dirk Kuijt, maar in-eens kreeg ik roem en geld en respect. Mijn vrouw is bejaardenverzorgster. Zij ruimt dagelijks de stront op van oude mensen. Ik doe niet meer dan mijn hobby: spelen. Toch word ik naar de ogen gekeken en zij niet. Dat klopt niet, het is strijdig met beschaving.

In de maatschappij worden mensen die anders zijn, of zogenaamd minder waard, uitgestoten. Daar ga je niet mee om. Ze zouden eens naar ons elftal moeten kijken, dat is de ideale maatschappij! Tien nationaliteiten en vijf verschillende geloven. De moslimjongens sjouwen hun bidmatjes de kantine in – eerst denk je "wat krijgen we nou?", maar later respecteer je het. Ik bid ook voor het eten. Onder de douche houden ze hun onderbroek aan want ze mogen hun geslachtsdelen niet tonen van hun geloof. Wij gaan er dan niet met z'n allen omheen staan om ze uit te lachen en de broek van hun kont te trekken. We dollen wel, hoor, maar we hebben respect voor elkaar. Zo kunnen we samenwerken. Kijk maar naar onze voorhoede: een protestant en een katholiek krijgen een voorzet van een moslim!

Je kan niet de hele maatschappij veranderen, maar wel een klein stukje. Ik heb besloten om die overdaad aan roem die ik krijg daarvoor te gebruiken. We moeten naar jeugdhonken gaan, want die jongetjes daar bewonderen ons. Als ze zien dat ik met een moslim samenwerk vinden zij dat gewoon en gaan ze het ook doen. Je moet laten zien dat iedereen gelijkwaardig is. Daarom gaan we ook naar het kinderziekenhuis, zodat die zieke kinderen merken dat ze ertoe doen, dat ze meetellen.

Ik ben bevoorrecht omdat ik uit een stevig en streng gezin kom. Respect werd mij en mijn zussen geleerd, ook aan de hand van het geloof. Ook voor ongelovigen staan er belangrijke dingen in de Bijbel, bijvoorbeeld dat je je naaste moet liefhebben en je ouders eren. Ik zie wel dat sommige jongens zo'n achtergrond niet hebben, en dan wordt het moeilijker.

Door de voetballerij ben ik in een positie geraakt dat ik iets kan doen voor mensen die het in deze maatschappij zwaar hebben, die erbuiten staan. Ook mijn geld kan ik daarvoor gebruiken. Ik heb een stichting opgericht om kinderen te helpen met hun opleiding. Ik wil de gelijkwaardigheid benadrukken, ik wil laten zien dat je elkaar kan respecteren ook al ben je verschillend wat betreft geloof, achtergrond en begaafdheid.

Dat is dus beschaving, volgens mij.'

Klaar. Op naar het volgende project, denk ik. Maar na enige tijd komt er een verzoek uit Katwijk: of ik zitting wil nemen in het Comité van Aanbeveling van de Dirk Kuyt Foundation. Dirk wil daar mensen in hebben uit alle lagen van de bevolking, volgens mijn zegsman. Hij heeft Wouter Bos al, en de burgemeester, een Katwijkse jeugdvriend die de wereld rondreisde en een notaris. Nu ik nog. Ik voel me vereerd.

Stort je nou niet meteen overal in, denk ik, ga eerst eens na wat dat voor mensen zijn, wat die stichting eigenlijk doet, hoe de geldstromen lopen. Over een paar weken moet ik een lezing houden in Katwijk, over de grote zeevaarder James Cook. We spreken af dat ik voorafgaand aan die literaire avond zal eten met het stichtingsbestuur, aan de boulevard.

Ik zet de auto alvast bij de bibliotheek en loop naar het restaurant. Daar wachten de notaris, de huisarts en een paar vrienden van Dirk op mij. Ik wil graag eerst het nieuwe monument zien voor de Katwijkers die op zee zijn gebleven, zoals ze dat hier zeggen. Verdronken, bedoelen ze, dood. Het staat aan het einde van de boulevard, een indrukwekkend kunstwerk van zes stalen platen waarin de namen van de verdronkenen zijn uitgespaard. Het is prachtig. Zwijgend staan we ernaar te kijken. Voor nieuwe slachtoffers is er geen plaats meer, wat moet er met die mensen, vraag ik. Die hebben dan pech gehad, vindt de bereisde vriend van Dirk. Het is mooi zo.

Op de terugweg naar het restaurant loop ik naast de Katwijkse huisarts. De nieuwe fietspaden zijn veel te smal, vindt hij, en afgebakend met gevaarlijke betonnen randen. De toeristen zullen zich hoofdwonden en beenbreuken vallen en hem drukke spreekuren bezorgen. Hij schampert wat over de gemeente. Gelukkig valt de stichting in de private sector, daar heeft niemand iets over te zeggen.

Voetbalprojecten voor kinderen in Ghana, hoor ik tijdens het eten. Tehuizen voor wezen wier ouders aan aids zijn gestorven. Sport in Braziliaanse sloppenwijken, ondersteuning voor sporters met een handicap. Dirk stopt alles wat hij met reclame verdient in de stichting. De notaris heeft een Engelse moeder. Het aidswezenhuis wordt geleid door een vrouw uit Katwijk die ze goed kennen. Ik ben al lang om.

In de tijd na het kennismakingsdiner doe ik nog een interview met de Katwijkse krant en lever ik een aanbevelend zinnetje voor de folder. Daarna hoor ik niet veel meer van de stichting. Wouter Bos trekt zich terug omdat hij minister wordt en Dirk gaat voetballen in Engeland. Feyenoord zakt tot onder in de ranglijst.

Dan belt er iemand op om te vragen of ik de tribune voor gehandicapten wil openen, samen met Dirk. Dat is een geschenk van de stichting en Dirk komt uit Engeland over voor de onthulling.

Maandagmorgen, halftien. Ik parkeer de auto naast het terrein van Quick Boys. In het clubhuis krijg ik drie zoenen van Dirk. Hij heeft het fijn in Engeland, zegt hij, elk weekend komen er vrienden uit Katwijk op bezoek die hem helpen met het schilderen van zijn huis. We gaan naar buiten om samen het lint op de tribune door te knippen. Een hoogwaardigheidsbekleder wringt zich als een wethouder Hekking tussen ons in. We bevriezen in de knipstand om de fotografen ter wille te zijn. Dan is het voorbij en gaan we koffiedrinken in de kantine. Ik praat een tijdje met de mevrouw die het beheer voert over de weeshuizen in Afrika. Buiten jagen wolken langs de zon en stuift het duinzand op in de wind. Een paar gehandicapten schuiven in rolstoelen over hun tribune. Ik ga.

Even ben ik rakelings langs het leven van Dirk Kuijt gescheerd en nu is het voorbij.

Giovanni van Bronckhorst

BRONCKHORST AAN ZEE

Giovanni van Bronckhorst

De grote mensen leven voor de Republiek;
je leert hier houden van een naam, een vlag.

Of van een voetbalshirt dat ieder past:
helper en huichelaar, huurling en held.

Allen voor één. De tere liedjes – Tahamata
op gitaar – zingen zacht van trouw en strijd.

De voorman van de roeiers is een doodgewoon
soldaat die niet van wijken weet, die altijd

terugkeert naar de plaats waar hij voor koos.
Men zegt: bescheiden, onverzettelijk, als goud.

Geef nu zijn voeten die historie schopten rust,
zet hem een zetel in de zee. De branding

murmelt zoete namen: Noordwijk, Halmahera,
Hoek van Holland, Ceram, Ambon manisé.

KAMPIOENSKANSEN

Na drie jaar wereldreis vaart Cook
de haven in. Geen scheurbuik. De matrozen
staan met ronde wangen op het dek.
Verderf welt uit de sloten van Batavia.

Met strakke kaken laat de kapitein
zijn groen geworden kerels in de golven neer.
De reling kraakt niet meer en de triomf
ligt op de bodem van de Javazee.

Het is de kwaal van Rotterdam, het is
de vloek voor elke sukkel die de toekomst
kiest, de weggewerkte schrik van ouders:
dat je, met zicht op volle winst, alles verliest.

Verwachten ze nu dat je met geheven
hoofd en trotse blik de mensen onder
ogen komt die je meewarig hebben
uitgelachen en geduld? Denken ze
dat je naar het kampioenschap haakt,
dat je vertrouwen hebt, gelukkig bent?

Ze hebben geen idee. Succes is een toneelstuk
op dun ijs. Het maakt je prikkelbaar en bang.
Hoe meer ze juichen in de Kuip, hoe meer
je hoopt dat je verlangen naar de nederlaag,
de modder op de bodem, wordt vervuld. Winst
is een zoete kwelling die nooit went.

– Het is hier min twintig –, sms ik naar Henk.

– Hier ook –, schrijft hij terug. – De wedstrijd begint zo meteen. –

In Zweden is het al maandenlang zo koud. De vorst zit in de grond en de velden zijn zo hard als graniet. Er wordt niet gevoetbald.

Berichtgeving over voetbal elders in de wereld is spaarzaam. In Zweden is iedereen vooral in Zweden geïnteresseerd. Bij elk huis staat een vlaggenmast met een blauw-gele wimpel. Dat vinden ze hier niet belachelijk of verdacht, maar heel gewoon. Ik sla de krant open, *Dagens Nyheter*, het grootste dagblad van Zweden. Goed zoeken.

Ja hoor, ergens onder op een linkerpagina staan uitslagen uit het buitenland. Ook uit Nederland. Dat is een vreemd kort rijtje uit een kaboutercompetitie van acht clubs. 'Eindhoven-Waalwijk', lees ik. Wat zijn dat voor rare verenigingen? Ze bedoelen psv en rkc. 'Rotterdam' staat er ook bij. 'Guidetti drie goals'. Clubs zonder Zweedse spelers bestaan niet.

Verderop in de sportbijlage tref ik een enorm artikel aan over de triomfen van Guidetti 'bij de belangrijkste club uit de Nederlandse competitie'. Mooie foto's ook. Guidetti's opa kwam uit Italië, maar Guidetti zelf is gelukkig door en door Zweeds.

Terug in Amsterdam zie ik hoe Guidetti zich met neergeslagen blik verontschuldigt tegenover de collega's, de fans, de halve wereld. Heel Zweeds. In de herha-

John Guidetti

ling stormt hij met bloot bovenlijf, zwaaiend met zijn shirt, door de regen. De Italiaanse grootvader in hem is even opgestaan.

Nog niet zo lang geleden werd je uitgelachen als je voor Feyenoord was. Of getroost.

'Het wordt wel beter,' zei Henk dan in november, als we rondreden in de *Hard gras*-bus, 'het materiaal is goed.' Frans zweeg, die vindt verliezen interessanter dan winnen, denk ik. Herman sms'te soms: 'Die Fer is best een aardig spelertje.' Tegen de tijd dat Feyenoord als zestiende eindigde was de *Hard gras*-toer voorbij. Dan zat je ermee in eenzaamheid.

Sinds een paar maanden is het tij gekeerd. Een journalist van het Ajaxblad, die mij wel eens naar een wedstrijd meenam (niet juichen), treedt naar buiten met een boek over zijn lievelingsclub Feyenoord. Als ik sta af te rekenen in de boekhandel buigt de man achter de kassa zich voorover en zegt: 'Ik ben óók fan. Wat een fijn seizoen hè?'

De clubliefde is echt, het gaat hier niet om mooiweerfans. Ze durven nu, omdat ze niet meer worden bespot en gehoond. Net als de spelers op het veld.

Ik fiets langs de trekvaart. Een auto rijdt tergend langzaam naast me. Er zit een man in. De tijd dat ik door vreemde mannen achterna werd gereden ligt ver achter me. Wat is dit?

Hij draait het raam naar beneden en steekt zijn hoofd erdoor: 'Het gaat geweldig! Met Feyenoord! Gefeliciteerd!'

IV Eregalerij

'Met Henk. Wil jij Winston Bogarde interviewen?'

Ik heb nog nooit een voetballer van dichtbij gezien, ik zou niet weten hoe voetballers ruiken. Ja, laatst in de perszaal van de Arena, na Ajax-Feyenoord, toen zag ik Koeman en Gullit op twintig meter afstand. Ex-voetballers. Toen Hugo Borst zijn prachtverslag over een dramatisch Feyenoordseizoen presenteerde in de Kuip stond ik in hetzelfde ruimtetje als Giovanni van Bronckhorst. Toen ik twintig was heb ik een keer met Roel Wiersma gedanst.

'Jawel. Wil hij dat dan?'

De interne TV gaat meteen draaien. Ik zie hoe vier mannen Bogarde op een brancard het trainingsveld af dragen. Het is 1998, azuurblauwe zee, uitbundige zon, kuitbeen geknapt. 's Avonds monteren Barend en Van Dorp de treurmars van Chopin onder het beeldfragment. 'Hij is NIET dood!' schreeuwt Jan Mulder. Maar erg is het wel.

'Met Henk. Hij wil. Zijn zaakwaarnemer ligt dwars. Er komt een boek of zo. Je mag hem niet quoten. Geeft niks. Hij wil wel.'

In '96, tijdens dat rampzalige EK in Engeland, stonden er ineens vijf Bogardes in de hotellobby. Allemaal groot, zwart en voorzien van een machtige kin. Later, bij de terugreis, ving een alerte cameraman Winston die op de rand van de transportband zat en een piepklein baby'tje teder in zijn armen hield. Zijn collega's, met zure koppen, voerden stroeve gesprekken met de pers terwijl hij het kind lachend in haar gezichtje keek.

'Met Henk. Ik heb z'n nummer. Heb je een pen?'

Ik schrijf het nummer op een leeg vel in het boek met aantekeningen voor de historische roman waaraan ik werk. Een 06-nummer in de achttiende eeuw. Je kan ze ruilen, die nummers. Iemand zal me Ronald de Boer aanbieden als ik Bogarde prijsgeef. Geen haar op m'n hoofd.

'Moet ik hem bellen?'

'Ja, jij moet hem bellen. Misschien kan je een keer kijken in het krachthonk. Ga ik wel mee. Ob-ser-ve-ren. Gewoon bellen.'

Even laten bezinken. Bogarde traint bij Ajax 2, ik zag het een tijdje terug op de televisie. Hij had een indruk-wekkende pens en zweette als een otter. Hij werkte zich een ongeluk om al die kilo's eraf te krijgen. En dan? Tja, dat zou ik hemzelf moeten vragen. Eind van de middag is het beste, had Henk gezegd, dan is hij uit-getraind.

Ik vind een mobiele telefoon nogal intiem. Voetbal-lers beleven dat wellicht anders. Misschien heeft een beetje voetballer meerdere telefoons, in verschillende intimiteitsgradaties, en heb ik het nummer van de bui-tenste ring gekregen.

Ik bel. De telefoon wordt opgenomen. Suizende stilte.

'Is dat Winston?'

Ik leg uit wie ik ben, wat ik wil, vraag of we een af-spraak kunnen maken. Dat valt nog niet mee, hij is druk en ik ga naar het buitenland, half november zal ik nog eens bellen. In december is hij weg.

Ik herinner me een mooi interview in het tijdschrift *Johan*; Henk stuurt het op, het is inderdaad prachtig.

Van Frans Oosterwijk en Marcel Rozer. Een en al quote.

De tijd raast voort. Op een lege zondagmiddag tussen twee lezingen, een Belgisch hotel, bel ik weer. Winston zit inmiddels in mijn telefoonlijst, vóór mijn zoon en na een bevriende psychiater. Na de signalen hoor ik een rare piep. Ik haal mijn schouders op en ga zitten schrijven. Ineens: telefoon. Bekende stem.

'Is dat Winston?'

We maken een afspraak, hij heeft zijn agenda erbij. Volgende week; anderhalf uur heb ik nodig, zeg ik. Voor een mooi portret in *Hard gras*. Hij is nog met een ander project bezig; zou dat elkaar niet bijten, wanneer komt het nummer uit?

'Pas in de lente,' zeg ik. 'We kunnen het overleggen. Waar spreken we af?'

En waar moet het over gaan? Rampen en mislukkingen, denk ik. Hoe je na een dreun op je kop weer overeind komt en doorgaat, en waarom eigenlijk. Wat er echt van belang is. Wat je wil.

Op de dag van de afspraak, eind november, is het kil en vochtig weer. Windstil. Ik fiets vanuit de Bijlmer naar het Okura-hotel, waar ik nog nooit geweest ben. Grote parkeerplaats met slagbomen. Geen goed idee om de fiets tegen de gevel te plaatsen, liever aan de overkant op de kade. Kan ik nog even naar de zwanen kijken en een sigaret roken.

Een kwartier te vroeg ga ik in de lobby zitten met zicht op de draaideur. Een wonderlijke ambiance, wel rustig eigenlijk. Zwak geroezemoes vanaf de bovenverdieping en gelukkig geen muziek. De portiers, oude mannen in rode jasjes, staan met elkaar te geinen; mannen in donkere pakken lopen heen en weer met telefoons aan hun oor. Mijn zoon zou hun kleding meteen afkeuren: foute pasvorm, hoogwaterbroeken, saaie dassen. Aan de muur hangt een levensgroot portret van Beatrix en Claus in hun jeugdjaren. Stoelen, wanden en vloer zijn uitgevoerd in gore, bruinige kleuren. Moet ik hem bellen als hij niet komt opdagen? Na hoeveel tijd dan? Tien minuten? Kwartiertje?

Maar stipt om twee uur glijdt een glimmende auto tot vlak voor de deur. Wat verschrikkelijk jammer dat ik geen verstand van auto's heb, dit moet iets heel bijzonders zijn, reusachtig, zilverwit – een Mercedes, zei een bevriende sportjournalist, een hele dure Mercedes. Het lijkt me de niet-passeerbare verdediger onder de automerken. Vaag zie ik achter het raam een donker profiel met vooruitstekende kaak. Ik zit gebeiteld.

Winston Bogarde stapt de hotellobby binnen. Hij draagt een dikke, in leer gebonden agenda en een klein zilveren telefoontje in zijn hand. Donkerblauwe baseballpet, baardgroei op de kin, lange zwartleren jas. We schudden elkaar de hand en hij wijst naar het café-gedeelte; daar kunnen we rustig zitten. Hij gaat me voor. Ik krijg de indruk dat hij hier kind aan huis is, het personeel groet hem en hij knikt hier en daar iemand toe. We gaan zitten in een hoek, hij op de bank, ik op een stoel ertegenover, een glazen tafelblad tussen ons in. Vrijwel de hele tijd zal hij met zijn armen op de bovenbenen leunend voorover hangen.

Ik mis iets. De buik is weg! Die moet hij er in zes à acht weken af getraind hebben. Een prestatie die van wilskracht getuigt. Sinaasappelsap met ijs; het glas zal over anderhalf uur nog halfvol zijn. Kopje thee voor mij. 'Ken je *Hard gras*?' vraag ik. In het begin las hij het wel eens, de laatste jaren niet meer. Ik heb het voorlaatste nummer voor hem meegenomen, met de interviews en Gullit prominent op de cover.

Winston geeft vrijwel nooit interviews, hoewel bladen uit binnen- en buitenland voortdurend aan de telefoon hangen. Heel, heel zelden gaat hij er op in. Die biografie waar hij nu aan werkt is wat anders, dat moet geen oppervlakkig verslag worden over clubs en successen, maar een echt verhaal dat dieper reikt dan de feiten. Het is hartstikke leuk om aan te werken, vindt hij. In augustus moet het uitkomen. Hij bladert in *Hard gras* en vraagt zich af of dit interview net zoiets gaat worden?

'Ik ben geen journalist,' zeg ik. 'Ik schrijf boeken en verhalen en ben geïnteresseerd in hoe mensen tegenslagen te boven komen. Daar wil ik het graag met je over hebben.'

Want daar heeft hij verstand van, je hoeft alleen maar naar het rijtje EK's en WK's te kijken. Engeland '96 verpest door voortetterende Ajaxruzies, Frankrijk '98 door de beenbreuk, Euro 2000 door algehele conditiezwakte na een voedselvergiftiging en Korea 2002 door collectieve wanprestatie van Oranje. Goed onderwerp.

Hij is de jongste van dertien kinderen. Vier zussen, acht broers. Allemaal in Suriname geboren, behalve hij. De oudste is nu 51. Hij vertelt dat zijn moeder alles alleen deed. Ik zit intussen te rekenen: binnen 17 jaar al die kinderen gekregen en dan, eind jaren 60, van Suriname naar Schiedam. Ze kookte in enorme pannen, de hele

Winston Bogarde

dag door, niet alleen voor het gezin maar ook voor neven en nichten en familie die binnen kwam vallen. In Surinaamse huishoudens is dat gewoon, iedereen blijft eten, je bent gastvrij.

Het was altijd druk, thuis. Winstons vader was vaak weg, van hem heeft hij weinig gekregen. Geen aandacht, geen steun. Moeder is de belangrijkste persoon in zijn leven geweest. Nog steeds, al stierf ze in de herfst van 1998. Zij leerde Winston dat je als zwart jongetje vijf keer beter moest zijn dan een blanke. Er was veel discriminatie, grof ook, dat je voor vuile zwarte werd uitgescholden. Je moest altijd vechten.

'Vind je dat die discriminatie in de loop van de jaren is afgenomen?'

Hij lacht bijna meewarig. Het bestaat nog net zo. Het ziet er anders uit misschien, mensen praten met je en zeggen iets lulligs over negers, maar dat geldt niet voor jóú, roepen ze dan, jij bent oké, maar die anderen! Precies hetzelfde is het.

'Maar als je nou bevriend raakt, dan zie je toch niet meer wat voor kleur iemand heeft?' probeer ik weer.

Hij trekt met duim en wijsvinger het vel van zijn linkerhand omhoog om mij zijn huid te laten zien. Zwart. Dat blijft zo.

Echte vrienden heeft hij trouwens niet onder voetballers. Dat is in die wereld niet mogelijk. Je hebt collega's. Goede collega's en slechte. Ieder heeft zijn eigen belang, dat moet je nooit vergeten. Daar wijkt alles voor, dus je kan nooit op iemand rekenen.

In de voetbalwereld wordt ook gediscrimineerd: als het Nederlands elftal wint praat iedereen over wij, maar als het niet goed gaat is het de schuld van die ene zwarte die iets fout deed. Hij is trots op het Nederlands elftal dat de beslissende wedstrijd tegen Ierland speelde voor het EK 96, omdat er zeven zwarten meededen. Meer dan de helft.

Suriname is zijn land. Elk jaar gaat hij erheen; hij heeft er een huis laten bouwen dat in december wordt geopend. Een familiehuis noemt hij het. Oorspronkelijk zou het een geschenk zijn voor zijn moeder, maar zij heeft het niet meer meegemaakt. Toen zij stierf had Winston de grond al gekocht. Over een paar weken gaan ze er met z'n allen naartoe. Een jacht heeft hij ook aangeschaft.

'Zou Suriname niet mee moeten doen met het WK, denk je daar wel eens over?'

Nu gaat hij rechtop zitten. Al tijden is hij hiermee bezig. Clarence Seedorf bouwde een stadion, maar Bogarde wil zijn land op een andere manier steunen. Hij heeft contacten met de Surinaamse voetbalbond en die zullen intensiever worden nu hij langer en vaker daar kan zijn. Hij straalt.

Bogarde is behangen met goud, wil het cliché, maar dat is vandaag niet waar. Links draagt hij een groot horloge met talloze knopjes en pinnetjes erop; aan de rechterhand slechts twee ringen, een trouwring en, daarboven, aan dezelfde vinger, een gouden band met een forse, melkwitte steen erin gevat. Het lijkt wel een kinderkiesje.

'Wat ben jij eigenlijk voor vader?'

Hij knikt als ik de scène met het baby'tje na het EK 96 beschrijf. Twee maanden was ze toen, Jady, zijn oudste dochter. Nu is ze acht en een half. Shardee, de tweede, is zeven; zoon Tyrese drie. Hij spelt de namen voor me. Als kind wist hij al dat hij het zelf, later, anders zou doen. Het is moeilijk uit te leggen omdat hij overduidelijk niets negatiefs over zijn ouderlijk gezin wil zeggen, maar toch. Minder druk zou het moeten zijn – maar het was heel gezellig, hoor – meer aandacht, minder vechten – maar ze zorgden goed voor hem, niet alleen moeder maar ook de oudere kinderen – ruimere middelen – niet dat het armoedig was, zeker niet.

Met trots vertelt hij dat hij financieel volstrekt onafhankelijk is. Dat feit zal vanmiddag nog een paar keer voorbijkomen. Ik denk aan de verdampte aandelen van de afgelopen jaren en hoop dat hij de boel goed heeft belegd.

Hij is een strenge vader, dat staat buiten kijf. Het eerste dat kinderen moeten leren is goed luisteren naar de ouders. Ze mogen van hun moeder meer dan van hem en dat weten ze ook. Als ze iets willen, vragen ze het eerst aan haar. Dat is zo gegroeid omdat hij vaak van huis was, al die jaren dat hij in het buitenland werkte zaten zij hier – soms kwam hij maar één avond in de week thuis, en dan was het feest natuurlijk.

Nu is hij veel meer aanwezig en daar is iedereen blij mee. De kinderen hangen om hem heen, ze kijken samen naar de televisie maar niemand kijkt eigenlijk, ze stoeien maar wat en willen dicht tegen hun vader aan zitten. Jammer dat hij zoveel gemist heeft van hun opgroeien, hun ontwikkeling. Heel erg jammer.

Ze moeten gaan studeren, alle drie. Jady heeft goede hersens en doet het uitstekend op school. Ze moeten werken voor hun eigen bestaan, niet op hun luie gat op het geld van pa zitten wachten. Alles kunnen ze krijgen, mits ze het verdienen. Hij zal ze overal mee helpen, dat spreekt vanzelf, maar ze moeten het zélf doen. Discipline opbrengen. Doorzetten. Dat is het belangrijkste. Hij zegt ze wel eens dat zij geen geld hebben, maar hij.

Zijn zoon is zachtaardig, hij lijkt op z'n moeder. Gevaarlijk is dat; hij moet harder worden, hij mag geen jankerd zijn!

Het kind is drie jaar, denk ik, op die leeftijd mag je toch nog wel eens een beetje janken? Ik zeg niets, ik denk nog na over het strenge vaderschap en de prioriteit van het luisteren naar de ouders.

Winston is intussen al een station verder en noemt zichzelf een deserteur: hij liep weg uit de militaire dienst omdat hij het niet verdroeg dat iemand hem vertelde wat hij moest doen. Kon hij gewoon niet tegen. Hij heeft echt een groot probleem met autoriteiten.

'Hoe ging dat dan op school?' vraag ik. 'Daar zeggen ze ook wat je doen moet en geven ze je opdrachten. Kon je dat ook niet hebben?'

School is toch anders, vindt hij. In dienst gaat het om het collectief, als persoon besta je daar niet, je telt gewoon niet mee. Op school gaat het meer om het individu, ze kijken naar je ontwikkeling, of je het aankan. En hij was goed, hij kon echt goed leren. Op z'n zeventiende is hij ermee opgehouden, hij moest nog één jaar en dan zou hij het einddiploma van de detailhandelsschool hebben binnengesleept. De combinatie met het voetballen was te zwaar. Elke dag les, dan trainen, 's avonds laat eten en vervolgens nog leren. Het was niet vol te houden. 'Heb je daar nou achteraf spijt van?'

Spijt staat niet in het woordenboek, dat overigens dik is en rijk gesorteerd. Profvoetballer worden was een kans die op dat moment geboden werd, en kansen moet je pakken. Geen spijt. Hij wist al toen hij acht jaar was dat hij voetballer wilde worden; zijn broers wilden dat ook wel, maar alleen hém is het gelukt. Nou ja, één broer heeft nog vrij hoog gespeeld, maar geen van allen heeft bereikt wat hij bereikt heeft. Fysiek konden ze het wel hoor, sommigen hadden veel meer techniek dan hij. Het gaat om de mentale kracht, de wil om te winnen. Zijn broers waren bezig met een spel: dolletjes maken, leuke bewegingen. Winston doet alleen wat hij goed kan. Hij kent zijn kracht, die heeft hij ontwikkeld in de vecht- partijen op straat. Dat heeft een zelfvertrouwen, een waardigheid gegeven die niemand hem af kan pakken. De liefde van zijn moeder speelt daar ook een rol in, zij liet altijd merken dat hij anders was, speciaal – dat hij die kracht bezat.

'Hoe vinden je broers het, dat het jou wel is gelukt?'

Van afgunst is geen sprake, ze vinden het alleen maar leuk. Jaloezie bestaat niet, net als spijt. Het is toch ge- weldig als je kleinste broertje een belangrijk toernooi speelt, dan zijn ze trots. In Engeland regelde Winston kaartjes voor de hele familie en een bus om in rond te rijden. Dat was fantastisch.

De telefoon gaat. Geen liedje, maar een doordringende beltoon. Het gesprek gaat over de volgende afspraak, in weer een andere hotellobby.

Hij excuseert zich en komt terug op de innerlijke kracht, het weten wat je wil en daar dan ook alles voor doen, met ijzeren discipline. Na elke kwetsuur maan- denlang revalideren, laatst nog was hij zes weken ge- blesseerd en moest hij alles weer van de grond af opbou- wen. Dat is nu hersteld. Je moet zorgen dat je op een hoger niveau terugkomt, steeds weer. Dat eist een men- taliteit die niet iedereen heeft. Hij ziet het aan de jonge spelers van Ajax 2 met wie hij traint, vijftien jaar jonger zijn ze, en eigenwijs! Ze hebben het al uitgevonden, denken ze, maar dat gaat alleen maar problemen geven over een jaar of twee. Wilskracht. Daar gaat het om.

'Dit weekend stond er een berichtje in de krant dat je gaat stoppen. Is dat zo?'

Nou, helemaal afgelopen is het misschien nog niet, het besluit is nog niet echt genomen maar hij is op weg ernaartoe. Volgende week traint hij voor het laatst bij Ajax, dat staat wel vast.

'Neem je dan taart mee, die laatste keer?'

Daar moet hij eens over denken. Het is wel aardig om even bij het afscheid stil te staan, vindt hij, ook tegenover de trainers.

Hij zucht en laat zijn schouders zakken. Na deze week is het waarschijnlijk voorbij. Keihard heeft hij gewerkt, zeventien jaar lang, in die verschrikkelijke voetbalwereld. Alles heeft hij bereikt, talloze tegenslagen kwam hij te boven, onnoemelijk veel heeft hij opgeofferd. Straks gaat hij alleen nog dingen doen die hij leuk vindt. Plezier maken.

Plezier? We praten al een dik uur over voetbal, maar het woord plezier is niet gevallen. De meeste voetballers noemen in vraaggesprekken hun honger naar de bal, hun liefde voor de geur van het gras, hun vreugde bij het betreden van het veld. Ze praten met kinderlijke blijdschap over hun 'spelletje'. Winston niet. Voor hem is het gras een slagveld dat hij komende week opgelucht achter zich laat.

Hij zal van een koude kermis thuiskomen, denk ik; dat hij zichzelf ziet als een eenzame strijder in een bedreigende wereld zit misschien meer in hemzelf dan in de omgeving. Als dat zo is loopt hij weg uit het stadion om binnen de kortste keren weer in een andere arena te staan. Vechten is een levensvoorwaarde en als er geen vijand is maak je er een.

Ze hebben hem aangeboden om de trainerscursus te gaan doen maar daar voelt hij niets voor. Die docenten zijn theoretici, vanaf hun bureau zullen ze hem uitleggen hoe je een speler de boodschap moet geven dat hij in een belangrijke wedstrijd niet staat opgesteld. Hij heeft alles gedaan, alles gewonnen – dan zal zo'n studiebol hem gaan vertellen wat hij moet zeggen! Nee.

Het lijkt hem wel wat om specifieke, specialistische trainingen te geven, aan verdedigers bijvoorbeeld, maar die cursus laat hij graag aan zich voorbijgaan. Liever zou hij al zijn ervaring op een andere manier gaan gebruiken; hij is daar al een beetje mee bezig, een adviseursrol bij een bureautje. Dat kan hij uitbouwen. Ook doet hij iets met investeringsbedrijven, dus het blijft druk, ook als hij niet meer speelt.

De belangrijkste taak in het leven na de voetbalcarrière is het grootbrengen van de kinderen, dat heeft prioriteit.

Een man van tegenstellingen, denk ik. Hij presenteert zich als een fanatieke vechter die zijn tegenstanders verplettert, maar dat staat het vermogen zich in een ander te verplaatsen niet in de weg. De preoccupatie met zijn eigen kracht maakt geen narcistische indruk – dan zou ik me allang zitten ergeren en dat is niet het geval. Ik voel geen spoor van angst, dus de dreigende taal heeft met gewetenloosheid niets te maken. Het imponerende bouwwerk van kracht lijkt nog het meest op een waterdichte defensie waarachter een klein hartje schuilgaat. Ineens moet ik denken aan de wedstrijd tegen Frankrijk waarin Clarence Seedorf zijn strafschop miste. Huilen. Diepe teleurstelling. Daar kwam Bogarde aangelopen, rechtop, kolossaal. Hij sloeg een arm om Seedorf heen en gaf hem kleine kusjes op de zijkant van zijn hoofd, troostend, geruststellend, zoals je een kind kalmeert dat over z'n toeren is. Goede ingrediënten voor het vaderschap.

'Hoe heb je je vrouw eigenlijk leren kennen,' vraag ik.

Winston schiet in de lach. Het is nu tien jaar geleden, hij beleefde zijn eerste seizoen bij Ajax en ging met een paar jongens de stad in. Daar kwam hij haar tegen; hij stapte op haar af en zei plompverloren dat zij de moeder van zijn kinderen zou worden! Hij wist het gewoon, spatzeker. Zij was in shock, maar hij had gelijk, het is allemaal uitgekomen.

Praktiserend gelovig is hij niet, maar hij denkt wel dat er iets of iemand is die over je waakt. Alles is voorbestemd, maar je bepaalt zelf hoe je daarmee omgaat. De kansen komen voorbij en je moet ze zelf grijpen. Dat geldt net zo goed voor een vrouw, die moet er ook zelf iets van maken. De ongelijkheid is er nu eenmaal, vindt hij, daar moet je van uitgaan. In hun huwelijk geeft dat wel eens problemen. En hij heeft een zwak voor vrouwen.

Hij leunt nog verder voorover en kijkt mij indringend aan. Een vrouw moet weten hoe ze het hebben wil. Wat ze wil. Als ze niet meteen goed reageert is het voor hem afgelopen.

Het is even stil. Wat gebeurt hier? Hij zal toch niet? In verwarring buig ik me over de blocnote terwijl hij zijn opmerkingen herhaalt. METEEN moet ze reageren. En GOED.

Ik besluit te doen of mijn neus bloedt. Ik word op de proef gesteld. Maar op welk gebied?

De spanning ebt weg. Hij benadrukt dat hij zeer moeilijk is in de omgang omdat hij zo zeker weet wat hij wil. Wie daar tegenin gaat wordt meedogenloos afgesneden en wat mensen dan van hem vinden interesseert hem geen moer. Respect zouden ze moeten hebben voor wat hij bereikt heeft tegen de klippen op. Veel mensen zagen het niet zitten in hem, vroeger.

Het hele leven is een machtsspel en als hij de macht uit handen zou geven kan je hem bij het oud vuil zetten. Hij moet en zal alles onder controle hebben, altijd kracht uitstralen. Als ze zien dat je kwetsbaar bent kan je klappen verwachten, dus dat laat hij nooit merken, nooit, zelfs al zou hij dood zijn van binnen.

'Hoe ziet je leven eruit over tien jaar?' vraag ik. De fanatieke vastberadenheid glijdt van zijn gezicht. Hij glimlacht geheimzinnig. Over tien jaar speelt het nationaal elftal van Suriname op het wereldkampioenschap voetbal. Surinaamse spelers, een Surinaamse trainer en een Surinaams begeleidingsteam. Het geheel onder leiding van een Surinaamse manager. Die heet Winston Bogarde.

Bij het afscheid geef ik hem het kleine, groene *Hard gras*-speldje. Beetje lullig, maar als gesprekspartner hoort hij nu ook bij de *Hard gras*-stal, vind ik. Tot mijn verbazing komt het niet bij me op om te gaan afrekenen. Hij is de man, hij heeft het geld, hij heeft alles onder controle en zonder nadenken laat ik het zo.

'Ik dacht altijd,' zeg ik op de valreep, 'dat jouw wils-kracht sterker is dan je spieraanhechtingen. Onder dat geweld knappen de pezen als touwtjes.'

Hij grijnst en knikt. Zo is het precies. Maar zelfs met één been zou hij het slagveld nog op gaan.

KAMPIOEN

Schrijdend langs de Binnenweg met vrouw,
kind, Armani-tas priemt zijn kaak koeler,
torent zijn rug hoger dan die van zijn broers.

Hij kuste de vriend die zich verschoot,
bezwoer het gruis in zijn knieën, snoerde
gebeden als zwachtels om vlees. Hoeder
van de zestien, een vorst, een beest.

Lang voor de strijd gelauwerd met goud
is hij kampioen van zijn moeder.

Roy Mackaay

FANTOOM

Het is een woord voor pijn die geen
bestaansrecht heeft; je lijdt aan
een afwezigheid, je snakt met hart
en huid naar wat er eerst nog was.

Wat afgesneden is dringt zich bedrieglijk
op, je strekt je armen blind naar
de verzaagde voet, een leegte,
het verdwenen kind. Het is een naam

voor wat zich voordoet in de zestien
meter van de ziel: een spookbeeld snelt
de doelmond in en doet alle verlies
teniet, maakt alles goed.

Marco van Basten

Een baaierd van blikken bewees
zijn bestaan. Kijkers kenden
de contouren van zijn schouders.

Onder het krakend harnas van roem
begon het zeurend te branden.
Afleggen. Men rouwde. Ook hij.

Toen niemand meer keek kroop
hij verkreukeld het veld op,
rekte zijn nek onwennig. Vrij.

De roffel van zijn hart waarschuwt
het kind dat op de schommel tolt
en zweeft. Hij knikt zodra het landt.

Het denken houdt niet op. Als zij
gaan liggen in de nacht weeft hij
een net van aandacht om het huis.

Gedachten jaagt hij ver voorbij contract
en kruising. Al het onverwachte is
een nederlaag die slim wordt bijgezet.

Niets moet hem nog verrassen mits
het bloed voortruist, het brein oplet.

Johan Cruijff

Ronald Koeman

Hij heeft een slagersmes in zijn sokken verborgen.
Dat weet alleen vader.

Stokken en stenen zijn sinds lang afgeketst. Tenen
wringen in de schoen; het cerebellum

regisseert wreef, knie en billen sprakeloos.
Als hij gaat trappen wordt het grasveld

weide, klinkt de zang van een matroos,
een havenlied. Over de sloot, buiten

bereik van vangers trekt de bal gezichten
scheef. Hij haalt de sokken op. Hij bloost.

Wij woonden in de Wippolder, in een van de huizen die de Technische Hogeschool Delft voor haar werknemers had laten bouwen. Achter de diepe tuinen liep een landelijk weggetje met bolle stenen waartussen het gras kierde. Daarnaast een sloot, daarachter het polderland.

In de straat waaraan de huizen lagen was in de jaren vijftig nog geen auto te bekennen. De bakker en de melkboer hadden een bakfiets en de groenteboer reed langs met paard-en-wagen. Midden op de straat speelden wij, tien jaar na de bezetting, landje-veroveren.

Als je vanuit de straat naar de binnenstad liep, kwam je langs een reusachtige, raamloze kerk met een kruis erop. Het straatje daarachter bleef eeuwig van zonlicht verstoken; de bewoners van de benauwde huisjes zaten in elk jaargetijde, op elk uur van de dag in het donker.

Het was het gebied van de roomsen. Wij hadden daar niets te zoeken. Midden in de klamme straat was een roomse winkel waar heiligenbeelden en gekleurde lappen in de etalage lagen, gelige kaarsen, bidprentjes, rozenkransen. Daar mocht je eigenlijk niet langslopen. Het hoefde ook niet, je kon gemakkelijk de kerk aan de andere zijde passeren, op weg naar het rijtje winkels dat een jeugd bepaalt: het speelgoedpaleis van De Fauw, de melkhandel van Bejaart én sigarenmagazijn Piet de Vries.

'Dat tabakswinkeltje op de hoek is overgenomen,' zei mijn moeder.

'Die oude meneer had geen zin meer en nu staat er

een jongeman in. Hij heeft iets te maken met een voetbalclub.'

Iedereen rookte, in de jaren vijftig. Mijn vader haalde
elke week een zak pijptabak, een geel pak met een schip
erop. Als er gasten kwamen presenteerde mijn moeder
sigaretten. Ze stonden in zilveren bekertjes op tafel. Ik
rookte ook. Stiekem, in de fietsenstalling op school, en
openlijk thuis, althans bij feestelijke gelegenheden. Er
kuierde dagelijks wel iemand naar het winkeltje op de
Nassaulaan om rookwaren in te slaan.

Ik ging, nieuwsgierig geworden, naar de sportman
kijken. Van mijn zakgeld kocht ik soms een half pakje,
tien sigaretten. Roxy of Chief Whip. Een enkele keer
twintig Caballero's voor tachtig cent.

De ronde hoekdeur stond open, er liep net een klant
weg. Achter de toonbank zag ik een tengere man met
glimmend witte tanden. Hij lachte verlegen. Nu weet
ik dat hij voor in de twintig was, een kind nog bijna,
maar toen vond ik hem volwassen. Hij had een vrouw.
Een baan. Een hartstocht.

We raakten aan de praat. Piet de Vries was de eerste
man die mij iets leerde over wat voetbal kan betekenen.
Hij speelde elke zondag een wedstrijd en kreeg twee dagen daarna alweer honger naar de bal, vertelde hij. Op
een Solex tufte hij naar het trainingsveld van Sparta.

'Heerlijk buiten! Regen doet mij niks. Gewoon een
voorrecht dat ik daarheen mag!'

Vijfenveertig jaar later rijd ik op een maandagmorgen de
buitenwijken van Delft binnen. Na de asfaltlussen van
de snelweguitrit hobbel ik ineens over de stenen van de
straat van vroeger. De huizen zijn gekrompen, het winkeltje ben ik al voorbij vóór ik het echt heb gezien. Ik

moet door, Piet woont tegenwoordig in Pijnacker. Dat is ook niet meer het tuindersdorp dat het geweest is. Ik passeer een indrukwekkende rotonde met een groene, geglazuurde leeuw van aardewerk. Het navigatiesysteem leidt me een woonerf op. Ik stap uit en begin het huisnummer te zoeken. Als ik het juiste nummer heb gespot, is de straatnaam verkeerd. Bij de goede straat is het nummer niet te vinden.

'O, Piet!' zegt een grote man met een krullenkapsel die ik om hulp vraag. 'Piet krijgt weer bezoek, hoor! Dáár moet je wezen.'

Hij wijst naar een hoek. Ik draai me om en zie een kleine man in een rode trui. Met een brede lach staat hij me op te wachten. Alle tanden nog in het gelid, blinkend wit.

Hij voert me het huis binnen en we installeren ons in een soort zitkuil. Door de wijde ramen zie ik het Zuid-Hollandse polderland, het mooiste uitzicht dat er bestaat.

'Die jongen kon het ook niet vinden. Van Egmond heet die. Ik was bij *Holland Sport* vorige week, heb je 't gezien?'

Piet zit op de bank met zijn rug naar de polder. Hij draagt rode sokken die passen bij zijn trui. Hij kan er niet over uit dat een klant van vijfenveertig jaar geleden nu ineens bij hem in de huiskamer zit.

'Dat je dat nog wéét,' zegt hij als de Solex ter sprake komt. 'Moet je horen, Rinie, ze weet nog van de Solex!'

Mevrouw De Vries is slank en blond, net als vroeger. Ze ziet er even argeloos en vriendelijk uit als haar man. Ik krijg koffie en heel lekkere koekjes. Nergens een asbak. Wel arrangementen met kunstbloemen en een voorstelling in kruissteekjes. Hoog tegen de muur naast de open haard, veel te hoog om te kunnen bekijken, hangt een reproductie van het *Portret van Helena van der Schalcke* uit het Rijksmuseum, een meisje van een jaar of twee met een mandje aan de arm, in een piepklein houten lijstje.

'Ik kom net terug van tennissen,' zegt Piet. 'Doe ik drie keer per week. Singelen. Dan moet je rennen hoor! Gelukkig ben ik topfit. Dat kun je van veel van mijn collega's niet zeggen. Allemaal nieuwe heupen en knieen! Ik heb nooit blessures gehad.'

Behoedzaam informeer ik of hij zaterdagavond naar Excelsior-Sparta heeft gekeken. Zijn gezicht betrekt.

'Heb er niet van geslapen. Gewoon een rotweekend van gehad. Dat ze een voorsprong zo weggeven! Dat het nog 4-3 wordt! Het voetbal gaat achteruit, dat komt doordat de jeugd veel te vroeg wordt weggekocht. Dan hou je de mindere jeugd over, en oude spelers die op hun laatste benen lopen. Eigenlijk hebben we nu een twee-derangscompetitie, dat is gewoon zo. De jonge jongens doen hun best niet. Vind ík, hoor. Ze lopen net niet hard genoeg en verliezen de bal. Ze vreten het gras niet op. Je moet gras vreten. En wél twee ton verdienen.'

Vanuit de keuken roept Rinie dat Piet bij Sparta niets kreeg als ze verloren.

'Als we wonnen kreeg ik honderd gulden mee. Dat was veel te onzeker, daar konden we de winkel niet van kopen.'

Rinie daalt de traptreden naar de zitkuil af met een dienblad in haar handen.

'Zíj heeft ervoor gezorgd dat we de winkel kregen. Ik was net uit de militaire dienst, nog geen drieëntwintig, ik wist van niks. Zij is uit Delft hè, zij kende mensen.'

'Ik hoorde dat de winkel te koop zou komen,' zegt Rinie. 'Toen ben ik er gewoon op af gestapt. Die man vroeg: "Hebt u contanten?" Die had ik natuurlijk niet, maar ik zei ja. Ik trilde van de zenuwen hoor. Toen heeft Sparta geholpen, met een lening.'

'Ik houd daar niet van,' zegt Piet. 'Schulden, dat is niks, dat moet je niet hebben. Binnen een jaar hadden we het afbetaald! We hadden een enorme omzet want iedereen rookte. We woonden achter de winkel. Het was zo druk; ik lag vaak in de gang te slapen en dan vloog ik overeind als er een klant kwam. Het is moeilijk publiek in Delft, maar bij ons kwamen ze graag.'

Hij wijst op een polderlandschap in sepiatinten.

'Dat schilderij heb ik nog van een buurman van jou gekregen, leuk hè? In het begin was ik zo verlegen dat ik m'n mond niet opendeed. Later kreeg ik veel contact met de klanten, o, we hebben zo'n fijne tijd gehad. Zo veel plezier.'

Rinie vertelt dat ze eigenlijk niet wisten dat roken zo slecht was. Dokters zeiden dat je móést roken, daar werd je rustig van. Veel voetballers deden het, ook collega's van Piet. Een sigaretje in de doucheruimte voor ze het veld op gingen, tegen de zenuwen.

'Wij hebben zelf nooit gerookt,' zegt Piet. 'Weet je dat ik ook hardloop? Op de dagen dat ik niet tennis. Ik eindig altijd op een grasveldje, trek ik een paar sprintjes. Ik heb een conditie als een paard.'

De hele tijd heeft hij voorovergebogen op de bank gezeten met de sportkalender die ik voor hem meebracht in zijn handen. Die legt hij nu naast zich neer. Hij kijkt me aan.

'Ik weet alles over jou, hoor! Ik heb heel wat pagina's uit de printer gerukt. Dat je zo beroemd bent geworden! Daar ben ik gewoon trots op. En dat verschrikkelijke ongeluk, hoe is het mogelijk. Wat is dat erg.'

Er valt een stilte. Piet en Rinie hebben met mij en mijn gestorven dochter te doen. Overal in de kamer staan foto's van hun eigen dochter, Mirjam, nu vijfenveertig jaar.

'Ze werd geboren toen we de winkel al hadden. Ja, hoe dat kon gebeuren is mij nog steeds een raadsel hoor!'

Piet knipoogt en lacht zijn tanden bloot.

'Het ging eigenlijk niet,' zegt Rinie, 'het was zo druk. Piet naar de training en ik in de winkel, met een kind. De box stond achter de toonbank.'

Er staat een piano tegen de muur, met de kop van Bach erop. Mirjam heeft vroeger gespeeld, maar dat is lang geleden. Ze is nu directiesecretaresse en heeft een schitterend huis, ook in Pijnacker. Er is een kleinzoon van zeven, die op tennis en op hockey zit.

Piet komt terug op de informatie die hij op het internet over de literatuur vond. Hij kreeg de indruk dat er veel jaloezie heerst in die wereld.

'Zelf lees ik nooit, hoor. Jullie boeken, dat zijn mijn benen. Daar zeg ík het mee. Mijn carrière is eigenlijk niet helemaal gelukt, ja, daar moet je eerlijk in zijn. Ik was een echte binnenspeler. Ik maakte dertien goals per jaar, plus de assists. Ik rende het hele veld over, want je kon doen wat je wou. Tegen Glasgow Rangers scoorde ik twee keer!

Ik was op mijn hoogtepunt toen het spelsysteem veranderde. Brazilië werd wereldkampioen met 4-3-3 en 4-4-2. Systemen. Ik heb één keer in het Nederlands elftal gespeeld, in '59 was dat. Bulgarije, een oefenwedstrijd. Het werd 3-2, we verloren.

Het moest allemaal anders en dat werd mijn onder-
gang. De binnenspelers werden afgeschaft. Je moest je
plaats houden. Daar mocht je twintig meter vandaan,
en dan gauw weer terug. Als een geit aan een touw. Je
moest ingetogen spelen. Je mocht niet meer laten zien
wat je kon.

Ik ben tussen de spelsystemen vermorzeld geraakt.
Daar heb ik heel veel verdriet van gehad. Mag je best
weten.'

Weer wordt het stil in de kamer. Rinie is bezig in de
open keuken. Piet somt de clubs op waar hij gespeeld
heeft na Sparta: DHC, met Guus Haak als trainer; met
Denis Neville mee naar Holland Sport, onder Cor van
der Hart; Fortuna Vlaardingen; tot slot nog vijf jaar als
trainer/speler bij vvDelft.

'Ik speel nog steeds hoor! Met de oud-internationals.
Ik heb contact met Sjaak Swart, ken je die? Heeft ook
een sigarenzaak gehad. En ken je Jan Mulder? Heb ik
ook nog mee gespeeld. Ze vragen mij altijd bij oud-
Sparta. Moet je nagaan, ik ben al achtenzestig! De anderen zijn hooguit vijfenveertig, maar mij vragen ze nog
steeds erbij, ja, ja! Dat komt omdat ik zo fit ben.'

Rinie heeft broodjes gesmeerd en schenkt een kopje
thee in.

'Je moet eten hoor,' zegt Piet, 'je hebt het nodig!'

De vrouw van Piet de Vries heeft dubbele nieren, zei
mijn moeder indertijd.

Een zeldzame afwijking. Ze moest geopereerd worden. Kun je iemand die net een broodje voor je heeft
gemaakt naar haar nieren vragen? Ik doe het gewoon.

'Dat je dat nog wéét!' roept het echtpaar in koor. 'On-

Piet de Vries (Foto: © Marcel Bavelaar)

gelooflijk, wat een geheugen!'

Die Solex was al een prestatie, maar dat ik de nieren heb onthouden vinden ze gewoon een wonder.

'Als kind had ik het al,' zegt Rinie. 'Nierproblemen. Ze wisten niet wat het was. Ik had buikpijn. Er zat etter in. Ik dacht dat de dokter "erwten" zei. Maar ik had helemaal geen erwten gegeten, riep ik. Later heb ik zelf een andere huisarts genomen. Die stuurde me naar een dokter in Den Haag, in het ziekenhuis aan de Zuidwal. Ze ontdekten dat ik aan één kant een nier te veel had. Die moest eruit. Aan de andere kant was de nier misvormd en veel te groot. Die moest er ook uit, zeiden ze, maar dat ging niet door. Die bleef mooi zitten. Ik heb veel pijn gehad. Maar nu is het goed.'

Ze staat op om de kopjes weg te dragen.

'Ze is flink hoor,' zegt Piet. 'We hebben het samen toch maar mooi gered met de winkel. Zonder haar had dat nooit gekund. Ze is ook heel fit.

Op den duur hebben we tijdschriftenverkoop erbij genomen. En de loterij. Je moest wel, want sigaretten kon je overal krijgen, bij de supermarkt en de benzinepomp. De maatschappij veranderde. Er is vier keer ingebroken in de winkel. Ze hebben vijfentwintigduizend gulden gejat. Geld van de staatsloterij.

Nee, dan is het niet leuk meer. Tot tien jaar geleden hebben we het volgehouden. We woonden er al lang niet meer hoor, we zaten al in Pijnacker. Ik ging elke ochtend op de fiets naar de zaak. Dat het ophield vond ik vreselijk, een ramp. Ik heb twee jaar lang met m'n kop tegen de muur gelopen, zo erg vond ik het.

Je moet plaatsmaken hè, zo gaat het. Rinie is gaan bridgen. Zij wil terug naar de stad, weer in Delft wonen.

Voor de gezelligheid.'

'Het huis is te groot,' zegt Rinie. 'Al die kamers, je moet het toch schoonhouden. En hoelang kom je die trappen nog op? Wij worden óók oud, hoor.'

Piet is intussen de trap op gevlogen om foto's te pakken die hij wil laten zien. Ik mag een prachtige foto meenemen van Piet en Rinie achter hun toonbank, uit de *Delftse Post* van 1995.

Het pronkstuk is een foto van het Nederlands elftal met reservespelers en stafmedewerkers, op karton geplakt, formaat kamerdeur. Piet zet hem rechtop tegen de muur. We kijken. Hij noemt de ene na de andere speler bij de naam

'Jan Klaassens, die is al lang dood. Tinus Bosselaar. Coen Moulijn. Cor van der Hart, ook dood. Roel Wiersma. Die nam mij een beetje onder z'n hoede toen ik bij het Nederlands elftal kwam. Zo'n lieve man. Hartaanval. Dood. Het is nu eigenlijk wachten hè, tot je zelf aan de beurt bent.'

Op de voorgrond van de foto zit Piet de Vries op een keukenstoel naast twee andere voorhoedespelers. Hij ziet er gelukkig uit.

'Kijk, weet je wat wij doen? Wij gaan naar dokter Defares, aan de Boerhaavelaan in Leiden. Voor de chelatie. Jaaaah! Dat is fantastisch hoor, ik heb het van een fysiotherapeut die bij Sparta voetbalde. Heb jij daar wel eens van gehoord, chelatie? Ik kan het je echt aanbevelen, je krijgt een conditie van dertig jaar jonger, echt waar.'

'Hoe gaat dat dan?'

'Tja,' zegt Piet, 'het is in een soort huiskamer met allemaal leren stoelen, in een kring. Dan krijg je een infuus. Het duurt tweeënhalf uur. Je zit met z'n allen, vijftien mensen of zo, ieder met z'n eigen slang aan een standaard. Als het klaar is ga je herboren de deur uit.

In het begin moet je twintig of dertig keer achter elkaar, met steeds een paar dagen ertussen. Alles moet schoon, hè? Maar als je dat gehad hebt hoef je alleen nog onderhoudsbeurten, elke twee maanden. Rinie doet het ook. We doen het allebei. Je knapt er echt heel erg van op, chelatie. Ze spoelen je aderen door, maar het is ook goed voor al je organen. Ik heb de organen van een man van veertig. Je wordt gewoon weer jong, eigenlijk. Je kan zonder moeite honderdtwintig worden.'

Thuis zal ik dokter Defares met de zoekmachine opsporen. De Leidse arts, inmiddels tachtig jaar, noemt zich 'vitalist' en heeft een handboek over chelatietherapie geschreven. Je kunt het overal bestellen. Door middel van infusen jaagt hij een vloeistof door de bloedvaten van zijn patiënten, die opgehoopte zware metalen en calcium bindt. De vloeistof is verwant met azijnzuur en wordt ook wel gebruikt bij het reinigen van tanks.

De 'intake' kost 600 euro, daarna betaal je voor elke infuusbeurt 125 euro. Er is een websitepagina met reacties van patiënten. Daar staat Eddy Treijtel op.

Dokter Defares zelf staat op de website van de Vereniging tegen de Kwakzalverij, op een eervolle zeventiende plaats binnen de top twintig van Nederlandse kwakzalvers.

Ik neem afscheid van Piet en Rinie. Ze zwaaien me uit, ik zie ze in de achteruitkijkspiegel bij hun voordeur staan als ik het erf af draai. Slank, fit, vriendelijk wuivend. Ze staan dicht naast elkaar. Piet heft zijn hele arm de lucht in en lacht. Het laatste wat ik van hem zie is zijn prachtige gebit.

v Het onbehagen

Zon, vurigste bal, klimt in de stad.
De zonen zijn opgeborgen in huurkamers
tussen Tukkers en Turken. Ze dromen
van dans, doeltrappen, gras waaronder
wormen schrikken van hun voetstap.

De moeders, ach, moeders. Ze staan
te roken op het balkon, ze dreigen
met een voetbalshirt in kindermaat.
Ze schelden op de engel van de dageraad,
en huizen staan te vlammen in hun rug.

'Hanna, wil jij even naar de melkboer gaan?' Stilte. Gerammel van munten in een blikje. De keukendeur. 'Hanna! Kom hier! Hoor je me niet?' Hanna kijkt in de badkamerspiegel. Ze heeft de vlecht uit haar haar gehaald, ze legt het losse haar langs haar wangen, houdt haar hoofd scheef en trekt de halslijn van haar trui naar beneden. Ze maakt haar ogen groot en likt langs haar lippen. Ik hoor je wel, denkt ze. Ik ga wel, als jij te stom bent om aan de melkboer te denken. Wat een moeite: in het boekje opschrijven wat je nodig hebt, geld in het blikje leggen en de lege flessen in het rek doen. Het touwtje uit de brievenbus hangen zodat Kees zichzelf kan binnenlaten. Iedere dag hetzelfde, en het dan toch nog vergeten. Dat kan alleen zo'n stom mens als mijn moeder. 'Ik kom!' roept ze terwijl ze het haar achter haar hoofd vlecht. Haar gezicht lijkt meteen smaller. Als van een kind, denkt ze, als van een meisje van twaalf.

Moeder staat in de keuken met een boodschappen-tas vol lege melkflessen. Ze heeft tenniskleren aan, de dikke benen komen rood onder het witte plooirokje uit. Bah. Als ik nu doe wat zij wil, denkt Hanna, dan kan ik vanmiddag met Dee naar de stad, dan kan ze geen nee zeggen. -Zwijgend pakt ze de tas.

'Zo,' zegt de oude meneer Lievaert als Hanna de winkel binnenkomt, 'is Kees jullie voorbijgereden?'

Hij staat met de handen in de zij achter de toonbank met melkflessen. Hij gelooft niet in Kees, denkt Hanna,

wat een rotvader. Stuurt z'n zoon van zeventien de huizen langs met die zware kar en neemt meteen maar
aan dat hij het niet goed doet. 'M'n moeder was het
touwtje vergeten. Twee melk en een karnemelk. Als-
tublieft.'

Kees lijkt wel een beetje op zijn vader. Zwart krulhaar. Breed. Maar vader Lievaert is nors en kijkt ge-
meen; Kees is verlegen en kijkt vriendelijk. Ik mag niet
met hem omgaan. De jongens van Lievaert zijn niet
naar school geweest, zegt moeder, ze hebben een andere
achtergrond. Bovendien zijn ze rooms. Dag zeggen mag;
een praatje maken bij de kar, kijkend naar de koude vingers van Kees die uit de gebreide halve wanten steken,
dat mag niet.

Rechtop wandelt Hanna naar huis, de tas nu eens
links, dan weer rechts. Ze trekt haar schouders naar
achteren zodat de borsten in de nieuwe beha vooruit-
steken. Onder de dichtgeknoopte jas. Ze zweet. Het is
oktober, maar het is nog warm. Volgende maand wordt
ze veertien.

Als ze haar eigen straat in loopt laat ze haar schouders weer zakken. Bij het huis van de buren kijkt ze omhoog naar Deetjes kamer. Dee tuurt uit het raam. Ze
heeft het roze vest aan, ze heeft haar lippen gestift. Dee
maakt een grimas van weerzin tegen Hanna en houdt
het wiskundeboek omhoog. Vragend steekt Hanna vier
vingers op. Dee knikt en kijkt de kamer in.

Om vier uur fietsen ze naar de binnenstad. Als je huiswerk af is, als je voor zessen terug bent, als je geen rare
dingen doet, zei moeder. Deetje is al bijna vijftien, laat
je niet op sleeptouw nemen, vroeg rijp vroeg rot, mevrouw Wester weet er geen raad mee. Ze is vorig jaar

blijven zitten, laat jou dat niet gebeuren! We gaan even in de bazaar kijken, had Hanna gezegd. Alleen maar even een boodschap doen. We zijn zo weer terug.

Over de ophaalbrug, door de poort, het grachtje op. Er hangt mist boven het water en uit de winkelruiten valt vals licht op de bolle straatstenen. Ze zetten de fietsen tegen een boom en gaan tussen grote ramen een witge-schilderde deur binnen. CAFETARIA staat er op de pui. In kleinere letters staat er 'Simon Lievaert en Zn' on-der. Simon is de rijke broer van melkboer Lievaert; hij heeft zelf een ijswinkel en kocht de cafetaria voor zijn zoon, voor Zn, voor Jaak, die in een nauwe witte jas bij de fritesbak vol kokende olie staat; Jaak, die zich op zijn hakken langzaam omdraait als hij de deur open hoort gaan, zodat zijn profiel met de scherpe neus, de kuif en de kippenkont even afgetekend staat tegen de wand.

Dee legt haar windjack opgevouwen op een stoel. Jaak kijkt naar de borsten onder de roze trui. Hanna bloost. Eigenlijk was de zaak bedoeld voor Jaaks broer Siem, de oudste. Voor als hij uit dienst kwam. Naar Nieuw-Guinea moest hij, twee jaar lang. Tropisch gebruind had hij daarna tussen de kroketten zullen staan, maar hij struikelde over een mijn en verloor zijn benen. Te-rug in Holland brachten ze hem naar een herstellings-oord. Hanna hoorde haar moeder erover fluisteren met mevrouw Wester. De benen eraf. Ze durft er niet over te denken en er niet naar te vragen.

Dee heeft de jukebox aangezet. Jaak komt achter de toonbank vandaan en brengt colaflesjes. Dee wil patat, Hanna schudt nee.

Alles aan Jaak is spits en smal. Zijn zwarte schoenen hebben scherpe punten. Hij kijkt Hanna aan als hij haar de cola geeft. Hij glimlacht. Hij knipoogt.

's Nachts in bed praat ze met hem. Hoe eenzaam het is achter de frituurbak. Hoe erg om een broer zonder benen te hebben. Hij doet zijn smalle, scherpe arm om haar schouders en legt zijn hoofd tegen haar hoofd. Jaak, o Jaak, zucht Hanna.

Dee deelt negerzoenen uit in de klas. De sjaal die Hanna haar gaf heeft ze om haar blonde haar gebonden. 's Avonds mag Hanna bij haar eten; overdreven, zei Hanna's moeder, maar omdat Dee jarig is moet het wel mogen. Mevrouw Wester heeft kip gemaakt en meneer Wester houdt een toespraak aan tafel. Ze proosten met Exota-limonade. Na het eten moet Deetjes broer Arnoud weg om te trainen, hij zit op voetbal. Meneer Wester geeft Dee geld om ijs te halen bij Lievaert. Dee en Hanna staan op de granieten vloer in de roomwitte ruimte. Het ruikt er naar suiker. Meneer Simon, de vader van Jaak en Siem, heeft polsen die even breed zijn als zijn onderarmen en handpalmen. In zijn linkerhand houdt hij de ijsjes vast terwijl hij met de rechter de slagroommachine bedient. De machine maakt een scheurend lawaai, als een betonmolen. Een voor een plaatst meneer Simon de ijsjes onder de slagroomtuit. Op het roomkwakje legt hij een wafeltje, voor het vervoer.

De achterwand van de salon bestaat uit schuifdeuren met glas-in-loodraampjes erin. Toen meneer Simon de salon binnenkwam zag Hanna een glimp van de achterkamer: een lamp, donkere tapijten, een mevrouw met grijs krulhaar. Mevrouw Lievaert zit daar, denkt Hanna, tegenover Siem in zijn rolstoel; ze zitten bij de kachel te huilen om het verlies van de benen. Laat de machines in de salon krijsen, zodat we niets horen.

Er knettert een motor op straat. Voor de glazen pui

staat Jaak. Achter op zijn bromfiets heeft hij een sport-tas gebonden, een zwarte tas waar in gele letters DES op staat. Hij steekt zijn hand op naar zijn vader en daarna, met een knik van zijn smalle hoofd, naar Hanna en Dee. Hanna voelt haar hart in haar borstkas opspringen. Meneer Simon glimlacht. 'Die kun je niet tegenhouden,' zegt hij. 'Wat er ook in de zaak te doen is, hij moet voetballen. Zondag spelen ze tegen de nummer één, een belangrijke wedstrijd. Ik zet ze voor u in een doosje, dat draagt makkelijker. Tegen Unitas moeten ze.'

Hij schudt meewarig zijn hoofd. Unitas is de club van Arnoud, denkt Hanna. Witte shirts met een keurig blauw kraagje. Vast niet goed, bij DES moet je zijn, dat is echt voetbal. Meneer Simon praat door. 'Jaak is begaafd, al zeg ik het zelf. Als hij ze er niet in schuift doet niemand het. Hij is de midvoor, hè, op hem komt het aan!'

Hij staat even verstild zijn wegknallende zoon na te kijken en zet dan het ijspakket op de toonbank. Dee rekent af.

Als ze vrijdagmiddag na schooltijd even naar de cafetaria gaan treffen ze Jaak daar in gesprek met drie zwaargebouwde mannen. Ze zitten aan een ijzeren tafel en eten patat. De stalen stoelpoten schrapen over steen en de stemmen schallen door de ruimte. Hanna en Dee staan verlegen te wachten tot Jaak opkijkt. Hij lacht.

'Unitas!' zegt een van de mannen verachtelijk. 'Heertjes zijn het. Die walsen we plat!' De man beweegt zijn enorme onderbenen. Tussen zijn trui en zijn broek ziet Hanna een bleek stukje blote rug. 'We rekenen op jou, Jaak, heb je er zin in?' Jaak heeft twee flesjes limonade gepakt die hij Hanna aanreikt. Hij kijkt langs de mannen en de meisjes heen naar buiten.

'Ja,' zegt hij, 'als we donderdag trainen begint het, dan krijg ik honger lijkt het wel. Als het eenmaal zondag is heb ik gewoon honger naar de bal. Ik kan het niet helpen.'

De mannen brullen goedkeurend. 'Vreet jij die ballen maar op, Jaak, wij doen de rest!'

'Wat betekent DES?' vraagt Dee als er even een stilte valt.

'Douwen En Slaan, wijffie, wat dacht je?'

'Nee hoor,' zegt Jaak, 'het is iets met Eendracht. Mijn vader weet het wel, die is donateur. Komen jullie kijken, zondag? Het wordt een prachtwedstrijd. Veel publiek. Op het eerste veld, dan kun je op de tribune. Of houd je niet van voetbal?'

Hanna knikt. Zij houdt ineens boven alles van voetbal.

Wat mooi heeft hij het gezegd, denkt ze. Honger naar de bal. Hij heeft ook een hongerig gezicht. En lieve ogen als hij zo lacht. We moeten erheen, zondag. Het moet.

Bloemkool. Saucijsjes. Als vader praat vliegen er kleine witte spuugbelletjes over de schaal met aardappelen. Het gaat over schoolcijfers. Over éérst huiswerk maken en dan pas met Deetje de stad in. Over een zes die niet genoeg is. 'Je hebt de hersens. Ik wil het niet hebben dat je de kantjes ervanaf loopt!'

Hanna kijkt naar de opengesneden worst op haar bord. Witte stukjes, grijze stukjes, roze stukjes. Hoe kun je honger hebben naar worst? Honger heb je naar dingen die heel belangrijk zijn, die je zo graag wilt dat je maag ineenkrimpt en je hoofd licht wordt. Van dat soort honger kun je niet eten, daar moet je alleen van zuchten.

Nu, denkt ze, nu meteen. 'U hebt gelijk. Maandag hebben we een groot wiskundeproefwerk, daar ga ik heel hard voor werken. Ik kan zondag niet mee naar oma, ik ga de hele dag sommen doen. Dee zal me helpen, die heeft het vorig jaar al gehad.'

'Dat zal oma niet leuk vinden,' zegt vader, 'doe jij je werk maar op zaterdag. De zondag is daar niet voor bedoeld.'

'Ik doe het óók zaterdag, maar het is veel te veel. Ik moet veel oefenen want ik ben er niet zo goed in. Niet zo goed als Dee.'

Vader legt vork en mes naast zijn bord. Hij maakt vlekken op het tafelkleed. Zijn gezicht is rood geworden en je kunt zijn adem horen. 'Laat haar nou maar,' zegt moeder. 'Ik vraag wel aan mevrouw Wester of ze daar mag zijn, zondag. Dan hebben wij ook de tijd aan ons.'

De hele zaterdag zit Hanna op haar kamer. Zij tekent een hart in haar wiskundeschrift. Een pijl erdoor die van 'Hanna' naar 'Jaak' gaat. Kinderachtig. Ze rukt de bladzijde eruit, verfrommelt hem, haalt hem weer uit de prullenmand en scheurt hem in snippers. Wat keek Jaaks vader hem trots na. Maar ook een beetje droevig. Misschien dacht hij aan zijn oudste zoon, aan de benen die overzee zijn gebleven.

Aan het eind van de middag is de lucht helemaal grijs geworden. Dee komt langs, ze drinken thee in de keuken. 'Als het regent gaat het niet door,' zegt ze. 'Dan wordt de wedstrijd afgelast. Als dat Arnoud overkomt loopt hij te vloeken en te schoppen door het huis.' Hanna schrikt. Alles geregeld voor niets! Dat kan niet. Het mag niet. Het gaat niet.

's Nachts hoort ze de regen tegen de ramen slaan. Alle druppels komen in het voetbalgras terecht, het veld wordt een weke modderbrij waarop niemand zijn honger naar de bal kan stillen. Ze huilt in haar kussen. Het moet doorgaan en zij moet er zijn. Ze zal voor hem juichen, hij zal voor haar voetballen, voor haar. Daarna is hij rustig en blij, hij is zijn halve broer bij de kachel even vergeten, hij loopt op haar toe, modderspatten kleven aan zijn kleren, hij komt dichterbij, hij strekt zijn armen naar haar uit, en dan, en dan –

Er staat een forse wind als ze wakker wordt maar het regent niet meer. Haar ouders vertrekken, vader zonder een woord en moeder met een halve glimlach. 'Ga je zo meteen naar hiernaast, Hanna?' Hanna knikt. Raar dat je echte leugens gelooft, ze ziet zichzelf ijverig met Dee wiskundeopgaven maken. Het is waar, maar ook niet. In de badkamer verft ze haar ogen met moeders mascara. Waarom weet ze niet wat ik doe, denkt Hanna, waarom moet ik nu huilen, ik wil toch helemaal niet dat ze het weet? Ze zet haar tanden in haar onderlip en veegt voorzichtig de tranen uit haar ooghoeken met een punt van de handdoek. Dan maakt ze haar haren los uit de vlecht.

Er zijn nog niet veel mensen bij het voetbalveld, het is te vroeg. Vlak achter de toegangspoort zit een man in een smal houten hokje een zelfgedraaide sigaret te roken.

'We wachten,' zegt Dee. Om het terrein ligt een sloot en daarnaast gaan ze zitten. Op hun jas, want het gras is nog nat. Dee heeft haar lippenstift en een spiegeltje bij zich voor Hanna. Nu hebben ze beiden zachtroze monden en steken ze sigaretten op die Dee van haar broer heeft gekregen. De rook doet pijn aan Hanna's keel maar de gladde sigaret tussen haar vingers voelt prettig.

'Hallo!' zegt Jaak. Met zijn schoenpunten aan weerszijden van de bromfiets houdt hij zich tegen de straatstenen in evenwicht. Hanna heeft hem niet zien aankomen. Verschrikt staat ze op. 'Jullie moeten daar naar binnen, hoor!' Hij wijst op de man in het hokje, die kaartjes verkoopt aan de binnendruppelende bezoekers. 'Deze dames zijn gast,' zegt Jaak. Dee en Hanna lopen achter hem aan. De man geeft Jaak een knipoog en heft zijn vuist met de duim omhoog.

Als Jaak is verdwenen naar de kleedkamer in de lage schuur klimmen Dee en Hanna de tribune op. Hanna rilt in haar vochtige jas, er blaast een ijzige tochtstroom langs haar rug.

Op het veld trappen de spelers van Unitas in een wijde kring de bal naar elkaar toe, in een vast patroon. Wie niet aan de beurt is maakt een sprongetje of zwaait met zijn armen. Op een kort bevel van de trainer draven de mannen in een strakke rij achter elkaar het veld af; de blauwe kraagjes vormen een bewegende lijn als schommelend water langs een kade.

Nu is de tribune vol mensen. Dee wijst op Arnoud, die aan de overkant van het veld langs de lijn staat. Hij zal hen niet verraden, zegt ze, anders zal zij vertellen dat hij rookt. De wind heeft de bewolking uiteengeblazen en de zon veegt zo nu en dan als een zoeklicht over het gras. In kleine groepjes komen de mannen van DES het veld op in hun zwarte kleding met goudgele opdruk. Jaak loopt dansend naast een grote man die een formulier bij zich heeft. Hanna ademt uit en gaat rechtop zitten. Een heel kort broekje. Zenige benen met zwart haar erop. Kijkt hij? Hij kijkt, hij zwaait. Hanna steekt verward haar hand op, zonder te lachen. De scheidsrechter vouwt het formulier op en duwt het in zijn borstzak. Hij fluit, het begint.

De blauw-witten spelen elkaar gedisciplineerd de bal toe, stoppen hem en kijken voor ze hem wegtrappen. De zwarten storten zich als dolle hommels in de vermeende loop van de bal, maar komen steeds te laat. Ze zijn ouder en zwaarder dan de Unitasspelers. Jongens tegen mannen, denkt Hanna. Het is niet eerlijk. Of wel? De mannen zijn sterker, en ze hebben Jaak. Ze maken lawaai, ze schreeuwen en brullen zodat de blauw-witten schrikken en zich de ballen laten afpakken. Onder het gras is de grond doordrenkt van water. Spelers glijden uit en maken fonteinen van opspattende klei. Als een zwarte meedogenloos tegen een blauw-witte opbotst fluit de scheidsrechter. Hanna ziet dat de man met de blote rug uit de cafetaria een rode kop krijgt. Hij wil de scheidsrechter te lijf, maar zijn vrienden houden hem vast. Dan vangt hij de vrije bal van de tegenstander op zijn reusachtige lichaam. Jaak neemt het over, scheurt met de bal aan zijn voet de een na de ander voorbij, draait en zwenkt en rent tot hij bij het doel is. Hij prikt een verdediger met zijn elleboog in de maag, maakt een schijnbeweging en schiet.

Op de tribune veert het publiek overeind en juicht. De blauw-witten steken hun handen op maar de scheidsrechter fluit en wijst naar de middenstip. Jaak draaft terug. Modder in zwarte vegen op zijn benen. Hij balt zijn vuisten en steekt ze omhoog.

In de rust blijven de meeste mensen zitten, maar Hanna en Dee lopen naar het veld. 'En?' vraagt Jaak als hij langskomt op weg naar de kleedkamer. Hanna knikt. Haar ogen schitteren. Ze heeft haar jas opengedaan, alsof ze net zo verhit is als hij. 'Let maar op,' zegt Jaak, 'straks pleur ik er nog een paar in!'

De spelers gaan naar het houten schuurtje. Ze vegen hun schoenen af aan een omgekeerde bezem naast de deur. Niemand mag daar binnen, behalve de trainer met een dienblad vol dampende bekers thee. 'In de kantine mag je wel, hoor,' zegt Dee. 'Daar is Arnoud, zullen we iets drinken?'

'Wat een slagers,' zegt Arnoud verontwaardigd. 'Ze schoppen en duwen en die scheids ziet niets. Die jongen van de melkboer speelt wel goed, vind ik.'

'Hij is van de ijswinkel. Hij heeft zelf ook een zaak. Wij komen daar wel eens.' Hanna heeft een kleur gekregen. Ze wil een sigaret. Ze wil over Jaak praten, alsof zij de enige is die hem kent, alsof hij bij haar hoort.

De kleedkamerdeur gaat open en iedereen dromt naar buiten. Hanna en Dee blijven met Arnoud langs de lijn staan. Aan de overkant staat Kees van de melkboer, Hanna zwaait naar hem en hij zwaait terug. Ze ziet zijn ogen naar de toegangspoort zwenken, ze volgt zijn blik en schrikt. Meneer Simon Lievaert, de ijskoning, duwt zijn oudste zoon het veld op. Hij moet kracht zetten, de wielen slippen in de modder en als hij snelheid verliest blijft de rolstoel steken. Siem heeft zijn handen om de leuningen geklemd. Over zijn schoot is een geruite deken gevouwen die van voren afhangt. De voetenplankjes staan omhoog. Als de wind de deken doet opwaaien is er een leegte.

Kees rent naar hen toe. Hij tikt zijn neef even op de

schouder en zeult de stoel samen met zijn oom naar het doel van Unitas. Siem heeft de beenstompen op het veld gericht. Simon en Kees flankeren hem als soldaten op wacht.

Aan de overkant heeft Unitas een doelpunt gemaakt. De blauw-witten laten een korte triomfkreet horen en nemen snel hun posities weer in, elkaar tijdens het lopen de hand reikend. De tribune gromt. De zwarte mannen zijn onrustig geworden en stampen als olifanten door de klei. Ze rennen over de blauw-witte jongens heen, duwen ze weg en schoppen ze snel tegen de schenen als de scheidsrechter niet kijkt.

'Onsportieve rotzakken,' zegt Arnoud. 'Ik ga weg, ik hoor het wel. Aju!' Hij beent woedend naar de uitgang. De trainer van DES loopt in een flodderig kostuum langs de kant. 'Pak ze!' roept hij. 'Doorgaan! Rammen, Jaak, rammen! Hij moet erin!' Het sigarenstompje tussen zijn vingers brandt niet meer. Hijgend kijkt de trainer naar zijn mannen.

Jaaks gezicht is bleek. De mond staat als een streep tussen de smalle wangen. Hij krijgt de bal door een enorme trap van de man met de blote rug aangespeeld en stormt op de Unitasdoelman af. Het publiek schreeuwt, de mensen op de tribune trommelen met hun schoenen op het hout, het lawaai is oorverdovend. Jaak kiest een hoek, snel veegt hij met zijn blik over het doelgebied, zijn ogen blijven even haken aan de gedrongen figuur van zijn broer, hij trapt. Naast. Tussen rolstoel en doelpaal verdwijnt de bal in de sloot.

Meneer Simon moet daar weg, denkt Hanna. Het is zielig voor Siem om naar al die sterke benen te kijken. En Jaak, hoe kan hij nou raak schieten bij zo'n aanblik?

Tranen van medelijden wellen in haar ogen. Zakdoek. Ze draait zich om en snuit haar neus.

Als ze weer kijkt ziet ze Jaak verbeten op het doel af rennen. De toeschouwers houden hun adem in, er valt een stilte over het veld die omslaat in gejuich als de bal over de doelman heen hoog in de verste hoek knalt. Iedereen springt op en schreeuwt. De mannen nemen Jaak op hun schouders en dragen hem naar de middenstip.

'Kom,' zegt Dee, 'we gaan naar de kantine. Lekker warm.' Ze lopen langs de kleedkamer. Uit de hoge raampjes kringelt damp en ontsnapt het geluid van waterstralen en diepe mannenstemmen. In de verte ziet Hanna de brede, gebogen rug van meneer Simon, die zijn zoon voortduwt, verdwijnen langs de weg. Het wordt al donker. Binnen is de ruimte verlicht door zwakke peertjes. De man die de kaartjes verkocht staat naast een vrouw in geruite schort achter de bar. De ramen zijn beslagen. Kees staat bier te drinken, ze gaan naar hem toe. Aan de muren hangen foto's van voetbalelftallen. Dee wil ook bier. Hanna wacht.

Jaaks haar is nat. Hij heeft het strak achterovergekamd maar hier en daar springt er een krul uit. Hij geeft Kees een hand en slaat zijn armen om Dee en Hanna heen. De warmte van zijn oksel. Zijn harde ribben. Ze drinken. Dee zit op een hoge kruk, ze heeft haar knieën tegen Kees aan gedrukt en slokt het bier met grote teugen naar binnen. Hanna luistert naar het geluid van hun stemmen, ze lachen en gieren, waarom, waarover? Jaak heeft zijn arm over haar schouders laten liggen en heft met de vrije hand zijn glas. Tussen het rumoer, het bonken van de radio en de blauwe rookwalm door vormt

Hanna een glasheldere koker van aandacht naar Jaaks gezicht. Donkere, fijne wenkbrauwen boven de lichte ogen. De mond. Glimmende witte tanden, de spitse tongpunt.

'We gaan even naar buiten, ik stik hier.' De hand laat hij op haar schouder liggen. Dee hangt slap van het lachen met haar bovenlichaam op de bar. Zachtjes duwt Jaak Hanna naar de deur. 'Jakie, Jakie!' roepen de mannen overal waar ze langskomen. Ze steken hun duimen op en grijnzen.

Is het al avond? Het lijkt of er geen tijd bestaat. Het pad langs kantine en kleedkamer wordt beschenen door een lantaarn. Aan de overkant van het veld staat de tribune als een zwarte muur. Jaak drukt Hanna tegen zich aan. Ze slaat haar arm om zijn middel, ze voelt zijn harde lijf tegen haar borst. Onder de lantaarn staat hij stil, hij keert zich naar haar toe, glimlacht en buigt zijn hoofd naar haar gezicht.

De deur van de kantine vliegt open en een man brult: 'Doelpunt, Jakie!' Hij verdwijnt grinnikend in het donker. 'Zeikerd!' zegt Jaak. 'Moet zeker pissen.'

De kleedkamerdeur staat op een kier. 'Kom vlug,' fluistert Jaak. Hij trekt haar naar binnen, ze struikelt over de omgekeerde bezem en valt tegen hem aan, ze storten neer op de harde vloer, een pijnscheut giert fel door haar elleboog en even wordt alles zwart.

Ze ligt op de stenen. Zand, modder, het voelt nat in haar rug. Door de bovenlichten valt het gele schijnsel van de lantaarn naar binnen. Er ligt een omgekeerde voetbalschoen naast haar hoofd. Zes noppen. Het ruikt naar schimmel, naar zwembadhokjes en oude kleren. Jaak is zwaar. Zijn hoofd duwt in haar hals, hij bijt, hij trekt met zijn handen haar bloes omhoog, ook de beha, wat doet hij, wat is er? Hanna wil hem roepen, zijn naam zeggen, het is ineens zo anders geworden, hij doet haar pijn, niet zo, niet zo. Uit haar mond komt geen geluid. Hij heeft zijn arm dwars over haar keel gelegd en rukt met zijn andere hand haar onderbroek naar beneden. Hij hijgt, hij praat, maar ze verstaat het niet. Slijmdraden vallen in haar gezicht. De beweeglijke hand woelt tussen haar benen, de vingers wringen zich naar binnen en ze voelt een snijdende pijn als de scherpe nagels in haar boren. Vuile nagels met zwarte randen, ze zag ze gekromd om het bierglas.

Een been loswringen, kracht zetten, met de knie tussen zijn benen stoten. Hij verslapt. Hanna rukt zich los. 'Godverdomme. Au. Wat doe je nou?' Jaak grijpt in zijn kruis. 'Je vroeg er toch om? Barst ook maar. Trut.' Hij schopt de deur open. In de omlijsting van de deurpost ziet ze hem met de handen door het haar strijken.

Het is heel stil in de kleedkamer. Hanna zit met de armen om haar knieën geslagen. Haar hoofd is leeg. Ze denkt nergens aan. Opstaan, broek optrekken, bloes in de rok, naar buiten.

Dee hangt tegen de muur van het clubhuis te braken. Kees staat erbij met de handen langs zijn lichaam. Zijn gezicht licht op als Hanna dichterbij komt. 'Ze moet naar huis,' zegt hij. 'Ze heeft veel te veel bier gehad.' Ze nemen Dee tussen zich in en gaan op weg. Dees benen slepen over de grond. Ze leunt zwaar op haar helpers en moet onderweg een paar keer stoppen. 'Feest. Gewonnen. Moet kotsen.' Hanna grijpt haar vriendin stevig vast. Voor Deetjes huis blijven ze staan.

'Ik loop maar door,' zegt Kees. 'Morgen is het weer maandag. Kun je het alleen af?' Hanna knikt. 'Bedankt. Dag.' Met haar zakdoek veegt ze de braakslierten van Dees jas. Dan zwaait ze naar Kees, die met de handen in zijn zakken snel de straat uit beent. Het stoepje op. De linkerarm achter Dee, met de rechterhand aanbellen. Arnoud doet open. 'Hier is Dee,' zegt Hanna. 'Ze is ziek.'

Het huis is donker. Hanna opent het tuinhek en pakt de sleutel van de keukendeur onder de vuilnisbak vandaan. Achter in de tuin zwaaien de toppen van de berken in de wind, er vallen blaadjes uit, ze lichten even op in het maanlicht. Nooit meer honger, denkt Hanna. Ik pak mijn boeken, ik draag mijn tas, mijn benen lopen en mijn mond eet. Ik word iemand die nooit honger heeft. Het slot klikt open. Hanna sluit de deur achter zich.

Waarom is voetbal eigenlijk leuk? Het kan niet anders of dat heeft met een fundamentele drift te maken. Seks dus. De supportersjuich als collectief orgasme, het doelpunt als penetratie, de fascinatie van miljoenen als bevrediging van massaal onderdrukte homoseksualiteit?

Wij leven niet van lust alleen, er bestaat nóg een basisdrift: de agressie.

Er zijn in mijn leven twee periodes van voetbalbetrokkenheid geweest. De tweede ging van start in de zomer van 1994. Ik had een roman geschreven, de aandacht was nog niet vrij om me op iets nieuws te richten en ik zat met mijn zoon van achttien op de bank naar het wk voetbal te kijken. Ik kocht vi. En de week daarop wéér. Op de grond voor ons lagen de handboeken – *Grote sportencyclopedie* en *Leerplan voor de ideale voetballer.*

Ik las het liefste over de spelers zelf: dat van sommige deelnemers uit Afrikaanse landen geen geboortedatum bekend was; dat Van Vossen dertien broers en zusters heeft en Koeman graag te kleine schoenen draagt. Ik zag Bergkamp stampend een tegenstander passeren en dacht over agressie.

Voor de genotzucht bestaat tegenwoordig alle begrip. Opvoedkundige boeken beschrijven uitgebreid de ontwikkeling van de kinderlijke seksualiteit; ouders en opvoeders gunnen het kind het recht op zijn of haar seksuele beleving. Voor agressie ligt dat anders. Aanvaarding van destructieve verlangens is ondenkbaar en vele mensen geloven ook nu nog dat de mens bij de geboorte de onschuld zelve is en agressie uitsluitend door frustratie wordt veroorzaakt. Mensen mogen wel sensueel zijn, maar niet vernielzuchtig of moorddadig.

Mijn eerste voetbalperiode begon toen mijn zoon een jaar of zes was en toetrad tot de pupillen bij JOS (Jongens Op Sport, zeiden wij). Hij was gelukkig. Een diep verlangen werd bevredigd. Toen hij twaalf werd ging hij eraf, bang voor het toenemend geweld. Een opvoedkundige misser?

Vrijen mag, vechten mag niet.

Tenzij er een 'hoger' doel gediend wordt. Je mag een inbreker een lel verkopen, je mag zelfs schieten als je bij de politie bent. Wie soldaat is moet mensen leren doodmaken, beroepshalve. Dit alles om het recht te handhaven en het vaderland te verdedigen. Het plezier in dit verplichte rammen blijft geheim en verborgen. Het gaat niet aan om openlijk naar oorlog te verlangen.

Eenzelfde dubbelhartigheid zien we ten aanzien van het voetballen: er is een 'hoger' aspect en een verboden, geheime kant. Het 'hogere' heeft te maken met de pracht van het spel, van trefzeker ensemblewerk en individuele virtuositeit. De geheime kant wordt, althans op bewust niveau, uitsluitend als probleem gezien.

Men tobt en vergadert over vechtende en vernielende supportersmassa's, trainers en scheidsrechters krijgen les in agressiviteitspreventie op het veld en journalisten schrijven de krant vol met beschouwingen over de ellende van het geweld op het gras. Werkelijke oplossingen van het geweldsprobleem blijven echter uit. Een maatschappij die de Deltawerken kan bedenken en uitvoeren zou in staat moeten zijn om effectieve maatregelen tegen voetbalagressie te treffen. Maar dat gebeurt niet. Het lijkt wel of er een verborgen samenzwering bestaat die ten doel heeft om de kans op gewelddadigheid te handhaven. Onlangs zei een official van FC Den Haag op tv dat de nieuwe hekken tussen de supportersvakken niet te hoog mochten worden, 'want het moet spannend blijven'. Ook óp het veld houdt men deze spanning erin, ondanks de oprecht zorgelijke verhalen over blessurevermijding door middel van strengere straffen.

Het fraaie gladde ijs van de sportieve wedstrijd wordt gedragen door het troebele water van het geweld. Voetbal is het meeslependst als het zich afspeelt op de rand van destructieve doorbraak, als de kans op echt vechten zinderend voelbaar is, als er doden zouden kunnen vallen. Voetbal is oorlog.

Toen Rinus Michels zijn beroemde uitspraak deed doelde hij waarschijnlijk op de meedogenloze tactieken van de voetbalwereld om tot winst te komen. Hij had meer gelijk dan hij wist, en op een dieper niveau. Voetbal lijkt op oorlog in de zin dat bij beide fenomenen het geheime verlangen naar destructieve agressie zo'n grote rol speelt, verborgen onder het, evengoed geldige, hogere doel.

Als voetbal oorlog is, zijn de spelers soldaten en is Marco van Basten een oorlogsinvalide. De ambiance is inderdaad militair (uniformen, discipline, standrecht) maar het lijkt om een geïdealiseerde oorlog te gaan waarin alle soldaten helden zijn die doorvechten met bloedende wonden.

Als gewoon, redelijk verstandig mens beschouw ik John de Wolf als gevaarlijke gek, wellicht nog een viezerik ook, maar gevangen in de oorlogsmagie van het voetbal is hij degene die tegen de verdrukking in overwint. Daarom blijf ik ademloos kijken en lijd ik mee als zijn kniebanden scheuren.

Het heldendom in een gespeelde oorlog van anderhalf uur is niet de enige reden waarom mannen van voetbal houden. Het spel met de jongens op het veld, tegen de club van de vijand, haakt in op een harmonische periode uit het jongensleven, zo tussen de 10 en 14 jaar, voor de puberteitsstormen beginnen. Het is een fase van evenwicht en trots op de lichamelijke beheersing, alles is nog overzichtelijk en nog niets is verpest. In deze jaren zijn de leeftijdgenoten van groot emotioneel belang. De grote jongen deelt met hen geheimen die zijn ouders niet te horen krijgen.

Werther Nieland is niet de enige die een club opricht, de jongensgroep is in deze fase een frequent voorkomend verschijnsel. In dit groepsverband worden rollen bepaald en getest; leiders, knechten en oppositievoerders gevormd; er wordt gerivaliseerd, gevochten en er ontstaan erotisch getinte vriendschappen.

Uit onderzoek blijkt dat voetballers, ook beroepsspelers, vaker een vriend aanspelen dan iemand die ze niet mogen (bij gelijke positie in het veld). De ander in de gelegenheid stellen om te scoren is een daad van vertrouwen en opofferende vriendschap – de soldaat leent zijn geweer uit zodat zijn vriend een held kan worden.

Het jongensgeluk uit voorbije tijden herleeft op het voetbalveld en daarmee op de tribune, waar de meelevende mannen zich weer even grote jongens kunnen voelen.

Wat moeten vrouwen met voetbal? Van het soldatenleven zijn zij altijd uitgesloten geweest, het theater voor de vrouwelijke agressie is niet het leger maar veeleer het gezin. Een voetbalwedstrijd zal bij een vrouw zelden identificatie met de spelers teweegbrengen: jaloezie of haar nette zusje, bewondering, liggen meer voor de hand. Het spel is voor beide geslachten evenzeer te genieten, maar wat betreft de verborgen onderzijde lopen de belangen uiteen. Verbondenheid, als moeder of minnares, levert minder plezier op dan vereenzelviging met de scorende held.

In de grote-jongens-periode is er voor vrouwen geen plaats. De jongens spelen buiten het bereik van moeder en daarom komen er in de voetbalwereld geen vrouwen meer voor na de prilste pupillenjaren.

De kleedkamer van de F'jes stond vol moeders. Zij raapten de vuile sokken van de vloer en controleerden of de jongens op sport zich wel goed afdroogden. Nog geen twee jaar later ging die deur (een omgekeerde bezem op de grond ernaast) potdicht; een enkele vader met coach-ambities mocht nog even naar binnen. Al snel werd ook die geweerd en waren de grote jongens onder elkaar.

De vrouwelijke ontwikkeling kent zo'n periode niet. In de jaren dat de jongen er met zijn vrienden op uit gaat om de vijandelijke club te verslaan, gaat het meisje zitten kletsen met haar hartsvriendin. Geen daden maar woorden en gefluister.

Wat er tussen twee vriendinnen besproken wordt kan een man razend nieuwsgierig maken, want hij kent het niet en het is hem vreemd. De in voetbal geïnteresseerde vrouw zoekt naar iets dat háár vreemd is: zij wil weten hoe het voelt om een man te zijn. Hoe is het om met benen als boomstammen over hard gras te denderen, om zonder schuldige bijgedachten een tegenstander omver te duwen om met al je kracht tegen die bal te schoppen?

172

Een beeld uit mijn tweede voetbalperiode is mij zeer helder bijgebleven. De wedstrijd Nederland-Ierland gaat beginnen, aanvoerder Koeman vangt met een felle blik zijn ploeggenoten, een voor een. Hij slaat met zijn linkervuist in zijn rechterhandpalm terwijl hij ongeduldig op en neer springt. Dit is het mannenleven, denk ik, hier gebeurt iets dat ik niet ken, hier gaan soldaten het slagveld op. Ze hebben er zin in; ze zijn onder elkaar: ze hebben aan elkaar genoeg. Wat gaat er in die koppen om, wat denken ze, wat voelen ze, die mannen?

De zoon die naast mij zit heeft net, met een 'vriende-nelftal', zijn rentree gemaakt in de voetbalwereld. Hij weet het, maar ik wil het hem niet vragen. In de bonte literatuurstapel aan mijn voeten staat het niet. Ik kijk. Ik blijf kijken.

Ze had er ruim een uur voor uitgetrokken om naar Hilversum te rijden, zei ze. Het programma zou om negen uur beginnen en even na achten bevond mijn vriendin zich al op de rondweg om de stad. Naast haar op de lege stoel lag een kaart van het Gooi, een stratenboek en de routebeschrijving van de omroep die haar had uitgenodigd. Door de laagstaande zon kon ze de straatnaambordjes niet lezen en al snel wist ze niet meer waar ze was. Eerst had ze nog rustig de auto aan de kant gezet, een zonnebril van de vloer gepakt en haar leesbril uit de tas gehaald. Via een zijweg had ze geprobeerd een eind terug te rijden, maar oranje omleidingsborden voerden haar naar een verlaten winkelcentrum dat ze op haar kaarten niet lokaliseren kon. Omkeren ging niet, overal was eenrichtingsverkeer.

Toen was ze gaan schelden en zweten. De kaart bleef in het touwtje van de leesbril haken. Ze trok en brak een poot van de bril af. De routebeschrijving was op de vloer gegleden. Achter haar hadden mensen ongeduldig getoeterd. Vijftig jaar, had ze gedacht, en nog de weg niet kunnen vinden, terwijl ze thuis toch geruime tijd op de plattegronden gestudeerd had, met linker- en rechterhand gebarend in de lucht om zich de richtingen goed in te prenten. Ze was vaker hier geweest, ze was schrijfster, ze kon nadenken. Nu zat ze met tranen in haar ogen machteloos op het stuur te timmeren. Nooit meer. Vanaf nu moest iedereen die haar in een programma wilde hebben, haar komen halen en weer thuisbrengen. Ze had de weg gevraagd bij een benzinepomp en was vriendelijk naar de verkeerde omroep verwezen. Van daaruit was het nog een kwartier rond opgebroken kruispunten laveren naar het juiste gebouw.

De zon ging onder. Ze deed de zonnebril af, gooide de leesbril uit het raam en draaide de contactsleutel om. Diep ademhalen en rustig uitstappen, had ze gedacht. Kleren gladstrijken en bedenken waar het ook alweer over ging? Voetbal. De wedstrijd van morgen. Ze vroeg zich af of het een rechtstreekse uitzending was. Ze hoopte van niet, een verre torenklok begon net aan de negen slagen.

De parkeerplaats lag aan de voet van een enorm plein waarover een man aan kwam rennen. Hij had mijn vriendin bij de arm gegrepen en in straf tempo naar de ingang gesleept, ondertussen brommend dat ze te laat was. In het gebouw bleef hij haar vasthouden terwijl hij haar trap op en trap af sleurde, rennend door donkere gangen met verlaten zitjes, en springend over dikke zwarte kabelstrengen.

In de helverlichte studio zaten mensen achter panelen. Het rook er naar oude koffie. Boven de deur naar de opnameruimte brandde een rode lamp. Ze werd naar binnen geduwd, de man wees naar een lege stoel achter de smalle hoefijzervormige tafel.

Ze was gaan zitten en had haar sigaretten voor zich neergelegd. Philip Morris. Aan haar linkerkant zat de corpulente columnist te grinniken achter zijn Gauloises, rechts stak de voormalig voetballer een Marlboro op. Rood, wit, blauw. De programmaleider keek haar verwijtend aan. Hij was bezig aan een enthousiaste inleiding en zijn bril was al beslagen. Toch rechtstreeks dus. Een spontaan gesprek over Voetbal en Kunst. Onder de tafel deed ze haar schoenen uit.

De conversatie wilde niet echt op gang komen, vertel-de mijn vriendin, ook niet toen de presentator gezellige voetbalmuziek had opgezet. De columnist wist niets van voetbal en giechelde honend als de gespreksleider over kunst begon. Mijn vriendin kan wel schrijven, maar haar voetbalkennis betreft vooral de gezinsach-tergrond van de spelers. Toen ze onderhoudend vertelde over het verband tussen voetbaltalent en gezinsgrootte (Van Vossen! Bogarde!) onderbrak de gespreksleider haar. Dat was geen kunst. Was voetbal geen vorm van dans? De gespreksleider drukte op een knop en de ruim-te vulde zich met de stem van een beroemde ballet-prins die complimenteuze dingen zei over ritmiek en tempogevoel van bepaalde Ajaxspelers. De corpulente columnist hinnikte. Aan haar rechterzijde voelde mijn vriendin een toenemende hitte. De voormalig voetbal-ler maakte kreunende geluiden en blies de rook van zijn sigaret sissend tussen zijn tanden door. Hij keek strak naar zijn gebalde vuisten die voor hem op tafel lagen. Zijn haar hing rommelig voor zijn ogen.

Ze vroeg zich af of ze iets constructiefs zou kunnen verzinnen over voetbal als bewegingskunst. Zou er een choreografie bestaan voor voetbalwedstrijden, zodat je een heel goed gelukte wedstrijd in z'n geheel opnieuw kon instuderen? Voetballers gingen net als dansers vrij-wel allemaal lesgeven na hun vijfendertigste. En wa-ren er overeenkomsten of juist verschillen in seksuele identiteit?

Ze hoefde haar gespreksstof niet te gebruiken want zodra de band met balletcommentaar was afgelopen explodeerde de voormalig voetballer. Totale onzin, al-les, brieste hij. Waarom hadden ze hem achter z'n open haard vandaan getrokken om naar dit soort flauwekul te luisteren? Opgesloten in dit rothok! Hij wilde weg, hij deed niet meer mee, nooit meer, hij had het gehad, helemaal. Weerzinwekkend, had hij gezegd, weer-zin-wekkend. Mijn vriendin bloosde licht bij de herinnering. Hij had een aardige stem, vond ze.

In het kamertje was een intense, verstikkende stilte gevallen. De gespreksleider had geen woorden meer. De columnist leunde wiebelend op de achterste stoelpoten tegen de muur en hikte geluidloos van het lachen. De seconden tikten door. In hoeveel auto's, keukens en caravans gingen verraste luisteraars nu aan hun radioknoppen draaien om nooit meer naar deze zender terug te keren? Achter het raam van de technische ruimte zag ze de verbijsterde gezichten van de opnamestaf. Ze had razendsnel nagedacht: dat hij gelijk had, de voormalig voetballer, dat ze graag met hem mee naar buiten zou rennen om even uitbundig door te schelden; dat ze de situatie misschien moest proberen te redden door voor te wenden dat ze zojuist een demonstratie van de nieuwe sudden death-regel hadden gegeven; dat ze hier gevangen zat met drie zwijgende mannen die om drie verschillende redenen niet meer zouden gaan praten. In een rechtstreeks uitgezonden praatprogramma.

Toen had ze zich naar de voetballer toe gedraaid en hem gevraagd of hij, na het plotseling afbreken van zijn loopbaan door een ernstige blessure, het voetballen eigenlijk gemist had. Zijn hoofd was uit de gebogen, boze stand losgekomen. Hij had haar aangekeken, de mond met de onregelmatige tanden scheeftrekkend. Geen moment, had hij gezegd. Nooit. Totaal niet. Toen had hij bijna verlegen geglimlacht en fluisterend gezegd dat hij wel van teleurstellingen hield.

Jan Mulder

Mijn vriendin is mijn buurvrouw. We stonden met elkaar te praten op de parkeerplaats achter onze huizen. Het was een zachte avond. We gingen zitten op de bumpers van onze naast elkaar staande auto's en rookten.

Het was geen gewone versierpraat geweest, zei ze toen ik aan het slot van haar verhaal mijn wenkbrauwen kritisch optrok. Lijdende mannen, daar had zij niets mee. Ook niet met mannen die verloren omdat ze niet wisten wat ze met een overwinning aan moesten vangen. Hij had er iets anders mee bedoeld, iets diepers, iets belangrijks. Het liet haar niet los.

Ik zweeg. Ze vertelde hoe het afgelopen was, hoe iedereen wat stijf en licht gegeneerd in de hal had gestaan en afscheid had genomen. Ze had de presentator en de columnist een hand gegeven, maar de voetballer gezoend. Waarom? Lichaamstaal, dacht ze. De corpulente columnist presenteerde zijn buik en het enige stukje dat je daaromheen bereiken kon was zijn uitgestoken hand geweest. De voormalig voetballer daarentegen stak zijn doorleefde kop naar voren en verborg het gekromde lichaam daarachter. Er had niets anders opgezeten dan die kop te kussen.

Ik snoof.

Een paar maanden later liep ik 's avonds laat naar huis en zag het blauwe licht van de televisie door het raam van mijn vriendin flikkeren. Ze deed de deur open en schonk me meteen een whisky in. Op de grond naast de bank stond een lege wijnfles. Feyenoord tegen Rapid Wien, zei ze. De hele dag had ze zich op de wedstrijd verheugd, ze had er 's morgens voor ze wegging een fles voor koud gezet, en na twee minuten was het al over geweest.

Drie-nul zei ze, geloof ik. Een niet meer in te halen achterstand. Alles ging mis en op het veld regende het pijpenstelen. Ze had overwogen de teleurstelling productief te maken: een vrije avond, ze kon een boek lezen, of schrijven. Ze was verlamd voor het toestel blijven zitten met de fles. Alle spelers met eenlettergrepige namen moesten eruit, zei ze. Heus, Bosz, Maas, Vos, weg ermee. In de verdediging zou een keten van lettergrepen neergelegd moeten worden waar geen bal meer door kon: Schui-te-man, Bo-a-teng, Zwij-nen-berg. Het wonder van de teleurstelling was haar nog niet geopenbaard.

Ik kreeg het druk en zag haar een tijd niet. In de krant las ik zo nu en dan verslagen van het Europees voetbalkampioenschap. Het leek me dat de prestaties van het Nederlands elftal volop materiaal konden leveren voor het teleurstellingenonderzoek waar mijn vriendin mee bezig was. Teleurstelling gaat over verlies, dacht ik.
Alle verlies is winst, maar hoe? Je loodzware fototoestel van tienduizend gulden klettert in het ravijn en je loopt verlicht en behendig de berg op. Nietsvermoedend storm je de slaapkamer in, waar je vriend met een vreemde in bed ligt. Je blaast het huis op met al je bezit erin en begint bevrijd aan een nieuw leven. Moest je de teleurstelling als een uitdaging zien en steeds in dezelfde richting blijven streven? Of was het juist een vrijbrief voor verandering, kon Feyenoord zich omvormen tot een succesvolle viswinkel? Zo eenvoudig kon het niet zijn. Hij had haar belazerd, die gekwetste voetbalman. Ik begreep er niets van.

De zomer was voorbij. Ik kreeg een oproep van de Gezondheidsdienst om, samen met alle vrouwen boven de vijftig in de buurt, mijn borsten te laten controleren op kosten van de staat. Dat moest gebeuren in de 'Borstenbus', die bij de ingang van het grote ziekenhuis geparkeerd stond. De vloer wiebelde haast onmerkbaar toen ik naar binnen klom. In het wachtkamertje was een minieme receptiebalie gebouwd waarachter een vrouw, gekleed in rustgevend groen, geklemd zat. Uit luidsprekers klonk het *Largo* van Händel. De wachtende vrouwen zaten gedempt met elkaar te kletsen. De deur naar het onderzoeksgedeelte ging open en mijn vriendin schoof de wachtkamer in. Ze keek me aan en wees naar de luidspreker. We schoten beiden in de lach om de begrafenismuziek. Ze bleef wachten tot ik aan de beurt was, maar toen ik, met geplette borsten, terugkwam was ze verdwenen. De foto's waren mislukt, loog de vrouw in het groen, het moest over, mijn vriendin was weer naar binnen geloodst.

Toen ze eindelijk weer tevoorschijn kwam was ze bleek en maakte ze een in zichzelf gekeerde indruk. Ze hield een map met foto's en papieren in haar hand en gebaarde me mee naar buiten te gaan. We klommen langs op het smalle trapje de bus uit. Buiten scheen de herfstzon het nieuwe voetbalstadion. Ze zei dat er iets niet goed was, ze had bij de dokter moeten komen in een piepklein kabinetje achter het röntgentoestel. Hij had zorgelijk naar de foto's gekeken en haar subiet naar de chirurg verwezen.

Ik liep mee het ziekenhuis in om de polikliniek chirurgie te zoeken. Mijn vriendin werd dezelfde dag nog opgenomen en de volgende ochtend geopereerd. Ik bleef zoveel mogelijk bij haar maar had niet het gevoel dat ik werkelijk contact met haar had. Ze leek haast fanatiek geconcentreerd op iets wat zich binnen in haar afspeelde. Ze was in training, zei ze toen ik vroeg of ze bang was. Ze had zich maandenlang optimaal geoefend in teleurstellingen en ging nu haar krachtproef tegemoet. Piet de Vries, mompelde ze, linksbinnen van Sparta. Mocht eindelijk een keer mee met het Nederlands elftal, vloog naar Bulgarije, 1953, verloor met 3-2. Voetbalde daarna gewoon door. Met een brede, onschuldige glimlach. Ik vroeg me af wanneer een teleurstelling een doodklap werd, maar zei niets.

De operatie wees uit dat de tumor goedaardig was. Mijn vriendin kwam weer thuis en het leven hernam zijn gang. Er gingen weken voorbij zonder dat we elkaar zagen, en ik was haar teleurstellingstraining al bijna vergeten toen ze op een winteravond ineens op de stoep stond. Ik zag meteen dat ze veranderd was. De gepreoccupeerde blik was verdwenen en ze keek me echt aan, zoals vroeger. We dronken wijn en rookten aan mijn keukentafel. Toen ik vroeg hoe het met het teleurstellingsprogramma stond knikte ze en begon ze te vertellen.

Ze had de voormalig voetballer ontmoet op een feest; midden in een kamer vol stampende muziek en stomende mensen had hij ineens voor haar gestaan. Die avond, weet je nog, die verschrikkelijke avond, had hij gezegd; ze moesten allebei lachen en gingen iets drinken in de luwte. Zeker, of ze dat wist: dankzij zijn opmerking had ze alles leren verdragen, zei ze hem. Zijn liefde voor teleurstellingen had haar een jaar lang op de been gehouden. De voetballer had haar geschrokken aangestaard.

'Dat kan ik nooit gezegd hebben,' zei hij. 'Ik haat te-leurstellingen!'

Ze hadden elkaar geruime tijd aangekeken, zwijgend.

In het gunstigste geval lopen de hazen
vandaag langs de wasmand. Of gaat zij
onder massagetafel en kicksenrek de vodden
lezen, de geursporen volgen?

Maakt niet uit, even lief zijn ze haar,
de bange bewoners van het mannenmuseum,
nerveus en snel als kleine knagers. Ze tekenen
glorie en verlies in vlekken, een geschenk,

een geschiedenisboek. Bloed is het minste.
Zij vernielt het krijgskundig relict achteloos
en plichtmatig. Zij strijdt nooit. Geen moeite lieverd,
geef maar. Verdrinking, vuur, hete lucht.

Zorgvuldig vouwt ze haar prooi. Wanneer
geeft ze op? Als fluweel, met die nieuwe
wasverzachter. Als nieuw. Als verse sneeuw.

Die Franse vrouwen beginnen om elf uur 's morgens al vis schoon te maken. Uit de luiken boven de rij aanrechten wolkt nog damp van doucheschuim en parfum. Ze pakken hun messen, hun scharen, hun schubbenkrabbers en vallen de vissen aan. Hun compacte gebloemde konten vormen een ondoordringbare muur.

Ik kom er niet aan te pas. Sla wassen. Maar hoe? Een vergiet had ik moeten hebben. Onze achterbuurvrouw kijkt over haar schouder, kijkt door mij heen. Ze steekt de schaarpunt in de vis en knipt hem open. Darmen en bloed vallen in de witte wasbak, bewegen met het water naar de afvoerput. Zou ik zwanger zijn? Het stinkt hier.

Ik kan geen vis bakken, zegt hij. Hij heeft gelijk. Alle Franse kampeerplaatsen hebben een afdeling voor vaste gasten. Daar staan caravans als woonwagens, als huizen. Op het stuk grond tussen trap en heg staan wasmachines, ijskasten en fornuizen. Wij moeten ook 's middags eten, net doen als zij. Zegt hij. Daarna uitrusten in de tent, als de dag op z'n heetst is.

De achterbuurman heeft het vuur al opgestookt om de vis te ontvangen. Hij draagt een korte broek van gladde, grijsblauwe stof. Het rimpelt bij zijn liezen.

Met de druipende sla in mijn handen sta ik voor de tent. Ik kniel onder de luifel, krijg de gasbrander in één keer aan en leg de biefstukken in het braadpannetje. Het vuur loeit als een orkaan, het verjaagt alles wat je verder nog zou kunnen horen. Het vreet aan je gezicht.

Hij staat ineens achter me met het stokbrood. Blote voeten, behaarde schenen. Ik vraag of hij de borden klaar wil zetten, ik draai de biefstukken om, zwetend boven de pan.

Dan zitten we aan weerszijden van de kampeertafel. Onze tent staat op een graswal en we kijken neer op het wooncomplex van de achterburen, die beiden bezig zijn met het bereiden van hun vis. De sla is nat, hij zegt er niets van. Hij vertelt dat hij bij de bakker een aardige man ontmoet heeft. Die staat hier met zijn gezin in een bungalowtent, hij heeft een terreinwagen en een televisie. Fransen. Zij is van onze leeftijd, hij iets ouder, ze hebben kleine kinderen.

Hoe weet je dat allemaal, ben je bij hun tent geweest? vraag ik. Gereedschap heeft hij geleend, ik hoor het niet goed, krik of steeksleutel, zodat hij eindelijk de auto repareren kan, maar ik leun achterover in mijn kampeerstoel en kijk naar de bergen in de verte. Sneeuw, koele lucht, ijzigheid. Of ik niet meer wil eten? Hij neemt de overgebleven helft van mijn biefstuk. Ik hoor zijn tanden het vlees pletten. Hij heeft zijn shirt uitgetrokken en wrijft over zijn borst, over de roze kindertepels tussen het borsthaar.

Ik sta op en ga het vuile vaatwerk verzamelen in de afwasbak. Hij zegt iets, ik kijk op – zal ik eens voor je afwassen, zegt hij. Voor mij. Hij wil voor mij naar het aanrecht gaan, voor mij de vette messen onder de kraan houden, ze besproeien met te veel en te scherp ruikend schoonmaakmiddel, ze weer netjes in de afgedroogde plastic bak leggen, voor mij, voor mij.

Ik haal mijn schouders op en probeer de glazen rechtop in het bakje te zetten, naast de borden en boven op het bestek. Ik dacht dat ik gekookt had voor ons. Hij denkt dat ik kook voor hem.

Met een zwaar hoofd, met te grote stappen loop ik naar de wasplaats. Het vaatwerk rammelt in de bak, die ik dicht tegen me aan druk. Vetvlekken op mijn jurk. Ik snuif en knipper met mijn ogen. Voor hem, dus. Voor hem is dit alles bedacht en gedaan. De maaltijd, mijn rode bikini, de worstelingen 's nachts in de tent. Voor hem, niet voor ons.

Bij de afwasbakken is het stil. We waren zeker te vlug klaar met eten. Er zijn kranen die je aanzet door een druk op de knop en die na drie tellen weer droogvallen. Het aanrecht op de hoek heeft een gewone kraan die door blijft lopen. Ik leeg de bak en vul hem met het lauwe water. Ik buig me voorover en leg mijn gezicht erin. Het schemert rood voor mijn ogen. Door neus en mond zuig ik water naar binnen. Zo zou je kunnen verdrinken. Dan richt ik me druipend op en pak de vaatdoek. Met de lap tegen mijn wangen gedrukt ga ik zitten op het trapje dat naar de wasplaats voert, armen op de knieën. Ik leg mijn rechterwang op mijn arm en kijk in de richting van het zwembad dat links in de verte ligt. Opspattend water, rumoerende kinderen, platliggende moeders met ontbloot bovenlijf. Op het overdekte terras naast het water zitten mannen in een halve cirkel rond een televisietoestel dat op de bar is neergezet. Het straalt groenig licht uit; vanuit mijn positie kan ik alleen beweging zien, geen beeld. Van tijd tot tijd heffen de mannen zich gelijktijdig van hun stoelen en beginnen aan een schreeuw die eindigt in een zucht als ze weer gaan zitten. Om het grasveldje met de liggende vrouwen staat een hek van grof kippengaas. Twee kleine kinderen hebben hun vingers in de ijzeren ruiten gehaakt en turen door het raster heen.

Ik kan het toch vragen? Waarom zeg je zoiets nou, waarom wil je afwassen voor mij? Dan zal hij me schuin aankijken, een beetje vermoeid. Zomaar, zal hij zeggen. Zomaar, zomer, zonder, zonde, zon, zon, zon. Zo. Ik duw de theedoek tegen mijn ogen. Voetstappen. Hij komt me halen. Ik kijk niet.

Blinden horen veel beter dan mensen die kunnen zien. Ze horen een kind een cirkel tekenen, beluisteren het menu aan de smakkers en onderscheiden gewicht, geslacht en schoensoort van de voorbijgangers. Hij is het niet.

In het gebouwtje achter mij wordt met deuren geslagen. Iemand laat water klateren. Twee vrouwenstemmen praten hard tegen elkaar, in korte zinnen.

Vakantie is wassen. Vaatwerk, kleren, lichamen. Alles wordt met zeep besmeerd en onder een straal gehouden. Ondertussen moet je schreeuwen als in een gesprek tijdens een orkaan.

– Was ik maar dood.

– Die vetvlek krijg ik er niet uit.

– Vanavond ga ik me ophangen.

– Ik wou niertjes maken.

Enzovoort, enzovoort. Alles in de wind.

Hij had het gevoel dat hij hier eerder was geweest, zei hij de eerste avond toen we tevreden op de stoelen zaten voor de strakke tent. Dat uitzicht. Of hij thuis was. Hij keek over de grasvlakte, zag de etende mensen, de sluik neerhangende zwempakken aan scheerlijnen, de spelende kinderen. Hier blijven we, zei hij.

We wandelden naar het dorp om daar te eten op een terras aan een snelstromende rivier. Een stille jongen met melige huidskleur serveerde ons de ene schotel na de andere, voor een grijpstuiver, zei hij. Ik dronk en dronk. Echtparen met bergschoenen aan de voeten zaten rondom ons. Binnen schoof een Franse familie de tafels aaneen en begon een vrolijke vergadering.

Later nam ik de zaklantaarn om mijn tanden te gaan poetsen in het washuis. Hij piste in de struiken en lag al in de tent toen ik terugkwam.

Als je met een man bent, ben je altijd met z'n drieën, want zodra je even weggaat houdt hij zich bezig met zijn geslacht. Ook van jou verwacht hij belangstelling voor de verborgen derde. Je moet er energie in steken, dat doet hij ook. Zolang je op een terras zit te eten kun je je inbeelden dat je gewoon samen bent. In een tent op een warme zomernacht gaat dat niet meer. De derde is uit de lakens omhooggekropen en wil meedoen. Voor jou.

Over het grasveld lopen de twee kinderen die bij het zwembad stonden. Het meisje, in een gestreept katoenen jurkje, draagt plastic slippers. Ze heeft haar jongere broer bij de hand. Zijn dikke beentjes, iets doorgeknikt naar binnen, eindigen in mollige voeten die in slappe gymschoenen geperst zijn. Het grote, ernstige hoofd staat op een smal nekje. Ze zwijgen, ze kijken niet op of om en lopen stram naar een tent in de verte.

Ik til mijn hoofd op en kijk ze na. Gewone kinderen lopen niet zo. Geïntimideerde kinderen, bange kinderen, afgeranselde kinderen – die lopen zo gehoorzaam en zo stil in een rechte lijn. Dat heb ik op het dagverblijf wel gezien. Van gewone kinderen stel ik me voor dat ze eens een eindje rennen, omvallen, iets roepen, lachen, elkaar plagen. Maar wat weet ik van gewone kinderen?

Ik heb ze niet. Ik zorg voor de gebutste en beschadigde kinderen van anderen.

Met de schone vaat kom ik bij de tent. Hij zit in de volle zon de sportkrant te lezen, in zijn zwembroek. Moeten we niet iets doen, een wandeling maken, een dorpsplein bekijken, iets gaan kopen? Iets ondernemen waarvoor je je moet aankleden?

Je hebt een vlek op je jurk, zegt hij. Je bent moe. Doe die kleren toch uit, kom lekker in de zon liggen, laat die potten en pannen toch staan. Zegt hij. Het is een olijfolievlek, een kleverige, donkere plek op het grijsgroene katoen. Hij heeft gelijk, ik zie er niet uit.

In de tent zoek ik naar wasmiddel, een handdoek, shampoo, een andere jurk, een kam. Zoveel spullen, ze liggen in een cirkel om mij heen terwijl ik op mijn knieen op de grond zit. Ik ruik de tentlucht: kampeerparfum gemengd met doorzweet laken, een vleugje rubber, een snuifje gemaaid gras. Het zeurt in mijn buik. Dat is de kampeerstress. Ik moet zelf niet zo zeuren. Alles wegspoelen onder de douche. De vlek in een emmertje laten weken. Me niet druk maken. Kalm blijven.

In het verlaten washok zoek ik een douchecabine uit die geen vuil water over de drempel uitbraakt. Ik kleed me uit en prop al mijn attributen in de plastic zak die ik aan de deurhaak hang. Voor ik in de vierkante douchebak stap, trek ik aan het ijzeren koord en laat ik het water recht naar beneden kletteren. Met mijn voet voel ik het langzaam warmer worden. Dan ga ik met gebogen hoofd onder de straal staan. Ik laat het water in mijn oren lopen. Ik was mijn haar, wrijf mijn lichaam in met zeep en trek dan weer met beide handen aan de ketting. Het bruist en tintelt op mijn huid. Zo staan blijven, in evenwicht.

Door de waterbellen in mijn oren hoor ik vaag ge-
bonk. Iemand rukt deuren open en slaat ze weer dicht.
Een donkere stem vloekt gedempt. Een man in de vrou-
wenafdeling, een schoonmaker misschien? Dan het
kikkend geluid van een kinderstem. Van schrik vergeet
ik de druk op de ketting te handhaven. In de plotselinge
stilte fluistert de man dreigend, is er een woest gestomp
en geknal van ledematen tegen hout te horen, spuit er
een kraan aan, bonkt de waterleiding en gilt het meisje
nee, nee, nee.

Ik zak door mijn knieën en trek boven mijn hoofd de
douche weer aan. Ik kruip onder het gordijn van water als onder een donzen dekbed en even hoor ik niets
meer. Er druipt zeep in mijn ogen waardoor ze gaan tranen. Het kind huilt ook, ze rammelt aan de deur. De
mannenstem begint te sussen, te flemen, te gorgelen.
Ik moet de opzichter waarschuwen, de campingbaas, de
politie. Of nu gaan schreeuwen dat het uit moet zijn, ik
kom eraan, hou op, schei uit, ik sla je dood!

Maar ik beweeg niet. Als ik me niet aan de douche-
ketting zou vasthouden viel ik flauw. Als ik niet met
blote billen op de tegelvloer zat viel ik om. De onverstaanbare opzichter die dagelijks rondjes rijdt op een
opgelapte solex, spiedend naar ongeoorloofde vuilstort
en verkeerd opgestelde tenten; de campingbaas die wiegend zijn compacte, behaarde lijf van het ene been op
het andere voortrolt achter zijn met ansichtkaarten
volgeprikte bureautje, steeds de handen heffend om de
administratieve chaos te bezweren en de ongeduldige
gasten te verwijzen naar zijn vrouw; de politiechef in
het paleisje aan het einde van het dorp, die zijn strakke
kin in de hoogte zal steken en niet zal verstaan wat ik
zeg?

Ik laat liters en liters water over mijn gebogen hoofd lopen. Tot het kind zacht nasnikt en de man tedere, prijzende zinnetjes prevelt. Tot deuren dichtvallen, plastic ritselt, voetstappen wegsterven.

Dan droog ik me langzaam af en kleed ik me aan.

We gaan op bezoek bij zijn nieuwe vrienden. Hij heeft een knielange broek aangetrokken en een overhemd met korte mouwen. Met de steeksleutel in de hand staat hij op mij te wachten. Het oude Franse echtpaar heeft zich in leunstoelen neergelaten. Recht naast elkaar zitten man en vrouw te kijken hoe wij ons op het bezoek voorbereiden. Hun grill staat alweer te glimmen, de vaatdoek hangt aan de waslijn.

Hij legt zijn hand in mijn rug en geeft me een kus op mijn natte haar. Dan lopen we dwars over het gelige gras naar de verste hoek van het terrein, waar een enorme bungalowtent half onder de bomen staat.

Ik ben niet zo goed in bezoek. Hij wel, hij schudt handen, accepteert een glas en bewondert het uitzicht. Hij laat zich door de gastheer op de schouders slaan en meevoeren naar de auto die op hoge oorlogswielen naast de tent is neergezet. Ik krijg ook een dikke hand en een glas wijn. Over zijn vette schouders heen roept de gastheer naar zijn vrouw, die de plastic raampjes van de tent staat af te nemen met een sopdoekje. Ze loopt met korte passen op hooggehakte slippers, zonder eraf te vallen. Zuchtend bergt ze haar schoonmaakgerei weg achter in de tent. Ze komt weer tevoorschijn en legt een perfect gestreken wit kleedje op de formicatafel. Soesjes met kaas, broodjes met paté en kunstig gevouwen servetten plaatst ze erop. Ze wijst mij een stoel aan zonder te glimlachen.

In de tentdeur staat een groot televisietoestel waar de mannen vlak voor gaan zitten. Sociaal verkeer, nieuwe mensen leren kennen, goed voor ons. Maar het gaat om de halve finale, voor hem.

Na iedere slok vult de gastvrouw mijn glas bij. Ik laat me achteroverzakken in de stoel en drink. Misschien doe ik even mijn ogen dicht, ik hoor het gegrom van de mannen tegen de achtergrond van het voetbalgeluid. Als ik wakker schrik zie ik de kinderen, het dolende stel, voor het toestel op de grond zitten met limonadebekers in hun handen. Op het scherm rent een gespierde neger in oranje shirt keihard op het doel af. Hij wordt onderuitgehaald en smakt tegen de grond. Nee, nee, nee! roept het meisje. Haar vader briest haar iets toe, ze schrikt en hij legt zijn grote hand op haar schouder. Ze beweegt van hem weg en legt haar hoofd op haar knieën.

Die stem. Zo zit het dus. Zijdelings bekijk ik de gastvrouw. Haar gezicht drukt niets uit. Onbewogen neemt zij de man in ogenschouw, zoals hij daar op de goedkope kampeerstoel zit, in trainingsbroek, met openvallend hemd, met behaarde buik en opgezet gezicht. Goed zo, zegt hij, dat zal die koffieboon leren.

Omdat ik zoveel gedronken heb weet ik gewoon wat mijn gastvrouw denkt. Ze hoeft niets te zeggen. Vetbaal, je mocht willen dat je ook maar een fractie bezat van de gedrevenheid, de elegantie en de kracht van die koffieboon. Zak. Hou je tengels thuis. Dat denkt ze.

Ik wil hier niet meer zijn, geloof ik, maar ik ben door de wijn loodzwaar geworden. Mijn tong is verlamd maar ik zie alles. De scheidsrechter is voor de neger in de bres gesprongen en houdt de tegenstander een rode kaart voor. Als futen wrijven ze hun borstpartijen tegen elkaar. Een brede jongen met een bleek, eivormig gezicht mag een strafschop nemen en peert de bal het doel in, dwars door het midden. Onze gastheer snuift verachtend, maar de anderen klappen en juichen. Ik drink erop.

Hij zou een lieve vader zijn als wij kinderen hadden. Kijk maar hoe aardig hij speelt met de kinderen van de gastheer. Tussen de palen van de terreinafrastering staat hij op doel; de kleine jongen met de x-benen mag keer op keer op hem schieten. Hij betrekt ook het meisje in het spel, voorzichtig trapt hij de bal naar haar toe als ze komt kijken. Ik drink mijn glas leeg en laat het weer volschenken. Ik hoor hem praten, hij leert hun de namen van de spelers: Van Gastel, Van Gobbel, De Goey. Voor het eerst deze middag kijk ik de gastvrouw aan, ik drink haar toe. De kinderen krijgen de slappe lach en schreeuwen het uit: Kassele-Kobbele-Koei!

Later gaat hij weer bij de gastheer zitten, er moet gedronken worden. De man met de buik wenkt zijn vrouw en wijst naar de glazen. Kamperen is niets voor hem, hij doet het voor de kinderen, elk jaar weer, zodat ze lekker bij het zwembad kunnen zitten in de schone berglucht. Zelf verlangt hij alweer naar de stad. Hij roept de kinderen toe dat ze op moeten passen met de bal; je moet streng zijn met die kleintjes, zodat ze weten hoe het hoort en niemand tot last zijn, zegt hij.

Giechelend fluisteren de kinderen tegen elkaar, Kasse-Kobbe-Koei, Kasse-Kobbe-Koei. De zon zakt verrassend snel weg achter de bergen. Nu het licht zijn scherpte verliest voel ik de huid rond mijn ogen ontspannen. Ik zie het landschap kritisch aan. De bergen staan als kamerschermen rondom akelige geheimen: verzonken gehuchten waar smerige oude mannen onuitsprekelijke dingen doen in verzakte schuren en kelders. De frisgetopte bergketens verhullen alles, als muren in een doucheruimte. Een geniepig landschap, hooghartig en achterbaks.

Ik moet haar zeggen dat de man het meisje molesteert, want ik heb het gehoord, ik herkende hun stemmen. Ze moet het weten. De lucht staat tussen ons als een muur. Ik kan niet spreken.

De nacht is gekomen en weer voorbijgegaan. Ik heb op mijn rug liggen zweten in de tent; de naakte man naast mij wilde ik niet zien, ik weigerde mijn ogen te openen. Hij is weg als ik in vol licht wakker word. Als ik nu een torenhoge buik had, een buik die als een berg oprees uit de lakens en alle narigheid afschermde. Niemand zou het kind in die buik een haar kunnen krenken, geen geluid zou in dat veilige donker doordringen. Mijn handen zou ik tegen mijn flanken leggen, op gepaste afstand zou ik het kind liefkozen, zijn voetjes kneden. En dan de tijd stilzetten.

Op mijn knieën kruip ik de tent uit; een emmer halfvol water valt om. De grond is zo droog dat het vocht geen toegang vindt, het stroomt als een bol beekje naar de slaapzak. Ik laat het gaan. Omdat ik nodig moet plassen ben ik gedwongen naar het washok te gaan. Het is er zo'n kabaal dat mijn gespitste oren geen onraad op kunnen vangen.

Frisgewassen en gekamd ontvangt hij mij met koffie en brood als ik terugkom. Hij praat, hij kletst, hij leutert. Omdat Nederland zo hulpeloos, zo laf gewonnen heeft wordt morgen de grote finale een strijd tussen ons en de Fransen. Hij vertelt dat de kampeerbaas een reusachtig tv-scherm heeft gehuurd zodat de campingbevolking gezamenlijk de wedstrijd kan volgen op de betonnen dansvloer. Dat de kampeervrouw lange lijsten met bestellingen doorbelt in haar kantoortje, dat vrijwilligers helpen met het aanbrengen van vlaggen en versieringen, dat er een fanfarekorps zal komen en vuurwerk natuurlijk.

Dat ik naar het zwembad moet om mijn borsten te laten bruinen.

Ik sjok erheen en ga op een handdoek in het gras liggen. Mijn T-shirt houd ik aan. Alles doet pijn, mijn hele lichaam is opgezet en vol vochtigheid. Ik lig op mijn buik, met de kin op mijn gevouwen handen. Een paar meter van mij vandaan zit onze gastvrouw van gisteren in een lage strandstoel. Zij draagt een bikinibroekje en een zonnebril. Ze draait haar gezicht in mijn richting maar geeft geen teken van herkenning.

Aan de rand van het zwembad staan de kinderen, volledig aangekleed, hand in hand. Ze kijken naar de overkant, naar de bar die wordt opgesierd met guirlandes vol gekleurde lampjes waartussen portretten van voetballers worden gehangen. Als de vrouw hen roept komen ze bij de strandstoel staan. Het meisje kijkt naar haar voeten. De vrouw wijst naar het water, de kinderen schudden nee. Dan gaan ze weer, samen, zwijgend.

Ik leg mijn wang op mijn handen en doe mijn ogen dicht. Nooit zou ik zulke kleine kinderen alleen over een kampeerterrein laten dwalen. Behalve natuurlijk als ik wist dat ze in de tent nog meer gevaar liepen. Ze weet het niet, die vrouw. Moeders weten het nooit, die vinden het allang best. Is ze wel hun moeder? Misschien is ze de nieuwe vrouw, die niet tussen hem en de kinderen wil komen. Of is hij de vriend die zo leuk met haar dochtertje omgaat? Ik moet het vertellen, ik moet tegenover die keurige borstjes plaatsnemen en precies uit de doeken doen wat ik gehoord heb. Dan kan ze haar spullen pakken en de kinderen meenemen.

Als ik haar was, zou ik vluchten zonder iets te zeggen. Als hij, als wij een kind hadden en hij zou, hij... Ik zou wel moeten vluchten om hem niet dood te schoppen. Maar ik heb helemaal geen kind. Ik zou hun kinderen kunnen ontvoeren. Eerst zou ik beter Frans moeten leren. Ik heb een man, dat zou het meisje schrik aan kunnen jagen. Ik kan maar beter niets zeggen, niets doen, niets denken. Ik ben haar niet, ik ben mezelf. Ik doe dag en nacht mijn best om iemand ter wille te zijn en al sta ik stijf van angst, vluchten komt niet bij me op. Je blijft waar je bent. Als ik een kind had, dan zou ik het durven.

Schaduw over mijn gezicht, een hand op mijn rug. Ik zie een bloot dijbeen in een paarse broekspijp steken. Een lachend gezicht, een open mond met vochtige tanden. Ik kom overeind.

Ze gaan naar de stad, hij en de gastheer, ze gaan vuurwerk kopen voor de kampeerbaas. Iedereen rekent op een Franse zege, maar hij zal proberen zoveel mogelijk oranje vuurpijlen in te slaan. Hoelang ze wegblijven weet hij niet, ik moet mijn gang maar gaan, ik moet me niet zo warm aankleden, mijn shirt uitdoen, toe dan, kom! Hij probeert het vastgeplakte t-shirt van mijn lijf te trekken, bij het hek zie ik de ander staan, spiedend van achter de zonnebril, wachtend op de onthulling. Met beide handen trek ik het shirt naar beneden. Dan kruis ik mijn armen voor mijn borst. Hij haalt z'n schouders op en kijkt naar de gebruinde voorkant van onze gastvrouw.

Bij haar stoel blijft hij staan. Ik hoor hem vragen waar de kinderen zijn, of ze niet moeten zwemmen, dat hij vanmiddag even met ze komt voetballen, tot straks dan, tot ziens. Ik kijk niet meer.

Bij de tent zit ik te lezen met mijn voeten op zijn stoel, onder de luifel. Later, het is al middag, zie ik in de verte bij de receptie een man in een paarse zwembroek lopen. Hij heeft een kind aan de hand, het jongetje. Mijn hart slaat over. Hoe kan dat, hij is toch in de stad? Maar van zo'n idiote zwembroek bestaat er geen tweede, dat geloof ik niet. Hijgend ren ik naar de ingang. Weg zijn ze.

Tegen vijven loop ik het dorp in en bekijk foto's in het boekhandeltje. Door de etalageruit zie ik het dorpsplein, een groot terras onder de platanen. Aan een van de witte plastic tafels zit hij pernod te drinken, het meisje zit op haar knieën op de stoel naast hem en schenkt water bij in zijn glas. Streepjesjurk, paarse broek. Niemand te zien als ik buiten kom.

Ik heb geen dorst maar misschien moet ik ook wat drinken. Van vochtverlies word je gek. Ik ga een fles bronwater kopen en leegdrinken. Ik ga Franse boodschappen doen, koken, mijn best doen. Juist aan hem zou ik alles moeten vertellen. Je hebt je vergist, zal hij zeggen, het komt omdat je je niet los kunt maken van je werk, zo'n belasting voor je, al die zielige kinderen. Ja, je hebt gelijk, zeg ik dan. 's Nachts zal ik zwanger worden, voor ons, een kind voor ons. Alles zal helemaal goed zijn.

Ik word laat wakker en alles is grijs. Er hangt een zware wolk boven het dal en ik heb pijn in mijn buik. Slappe wind zuigt aan de verdorde bladeren onder de heg. Een onweersdag, een ondag. De rits van de tent trek ik weer dicht, ik kruip in de stinkende slaapzak.

Wassen en aankleden, zegt hij. We gaan naar het feestplein, we gaan alvast drinken op de overwinning. In de spiegel boven de wasbak is mijn gezicht een pafferig masker zonder lijnen. Ik was mij met ijskoud water, maar het lukt me niet het besef van pantsering op te roepen. Ik voel me een vaagbegrensde vlek. Ik knipper zo hard mogelijk met mijn ogen en trek met de borstel onbeheerst aan mijn haar. Als ik een mes had zou ik het op mijn huid zetten.

De dansvloer is overdekt met een baldakijn van zeildoek. Daaronder staan tafels op schragen. De vrouw van de kampeerbaas heeft glazen neergezet en schalen met nootjes. Haar zwarte krulletjes plakken tegen haar gezicht, ze dampt van inspanning. Lachend komt ze aanzetten, een dienblad vol bruinbesmeerde stokbroodschijfjes in haar handen. Door de luidsprekers schalt de stem van haar man, hij roept alle gasten op om te komen, het is feest, het is gratis en iedereen is welkom.

Een magere man met vet haar staat op een ladder iets aan het televisiescherm te verschroeven. Het is zo groot als een filmdoek. Jongens komen aangesjouwd met ruwhouten banken die ze in visgraatpatroon neerzetten. Onverstaanbare commando's, gekraak, geritsel.

Hij pakt mijn hand. Vel en botten lossen op in vlezige warmte. We drentelen over het feestterrein, groeten onze achterburen en bekijken de verschillende groepen gasten. Van de permanente bewoners zijn er al veel aanwezig. De mannen, met vesten en alpinopetten, zitten aan de tafels rode wijn te drinken en de vrouwen staan in kringen met elkaar te praten op de dansvloer. Het grote scherm vertoont sneeuw. De bewolkte hemel plaatst alles in een grijsviolet licht. Ik zet mijn voeten neer maar voel de grond niet goed. Ik probeer kracht te zetten, te stampen. Wat loop je raar, zegt hij, doe eens rustig, ik haal een drankje voor je. Het trekkersvolk, de mensen die een paar dagen of weken blijven en dan weer verder reizen, bestaat uit twee soorten: buitenlanders en Fransen. De laatsten bewegen zich zelfverzekerd over het terrein, alsof ze de finale al gewonnen hebben. Ze spreken luid, ik hoor uitroepen en lachsalvo's. De Hollanders zijn vandaag bedeesd en proberen niet op te vallen. Alle mensen lopen door elkaar heen als in een slordig ingestudeerde dans. Ze wijken uiteen om de kampeerbaas door te laten. Hij duwt een kruiwagen voort waarin een ton vol drank staat. Een nationale bergdrank, roept hij, gelukswijn, een traktatie. Met hulp van zijn vrouw zet hij de ton op een krukje naast de tafel met glazen. Hij roert er met een soeplepel krachtig in rond. De mensen drommen voor hem samen als hij met uitschenken begint. De drank heeft een dieppaarse kleur en ruikt vaag naar spiritus. Er drijven harde stukken in: appel, onrijpe meloen? Ik krijg een glas en doe mijn best het snel leeg te drinken.

De beeldverbinding is tot stand gekomen. Voetballers en trainers bewegen geluidloos hun lippen. Uit de luidsprekers klinkt accordeonmuziek. Alle geluiden komen bij mij binnen als door een laag watten gefilterd. De vrouw van de baas heeft een doorzichtige jerrycan op tafel gehesen en schenkt daaruit limonade voor de kinderen. Ik zie de jongen en het meisje voor haar staan, met ernstige gezichtjes plastic bekers in de uitgestrekte handen houdend. Wat verderop staan hun ouders paars sap te drinken in een kring Fransen. De accordeonmuziek valt weg en maakt plaats voor een opgewonden journalistenstem. De camera zwenkt langs honderdduizend gezichten, over het gifgroene gras denderen de spelers twee aan twee het stadion binnen. Applaus. Voorzichtig lopen de kinderen met hun bekertjes onder het baldakijn vandaan. Ze luisteren naar het volkslied en bekijken aandachtig de koppen van de voetballers die één voor één worden getoond. Mijn hand wordt losgelaten en hangt als een vlok schuim in de ruimte. Hem zie ik bij de kinderen staan, hij buigt zich naar hen toe en wijst ze de Hollanders aan: Van Gastel, Van Gobbel, De Goey. De kinderen knikken. Lach nou toch eens – zij of ik? De vader komt op mij af en biedt me een glas paarse drank aan; zijn zoontje heeft hij aan de hand. Waar is het meisje? En waar is hij? Ik schud mijn hoofd en begin gehaast door de menigte te lopen. Ik kijk de banken langs, ik zoek bij de schenktafel en doorkruis de dansvloer meerdere malen. Niets. Weg. Ik ben alleen.

Alle ogen zijn op het scherm gericht, niemand kijkt naar mij. Geërgerd bewegen de mensen hun armen als ik hen aanstoot. Ik struikel over uitgestrekte benen, schrik van het plotselinge geschreeuw bij een overtreding en word omringd door stampende, juichende lichamen als er een doelpunt valt. Het lawaai is niet te verdragen, de lichten en de kleuren steken in mijn ogen, de paarse feestdrank klopt in mijn hersenen. Een geestdriftig op en neer springende Fransman trapt op mijn voet, ik moet weg hier, ik voel de zweterige warmte van de mensen af slaan, ik wil water, water, rust.

Pas bij het washok ga ik langzamer lopen. Het buitenlicht is kapot maar door de luiken valt het schijnsel van de tl-buizen op het pad. De afwasbakken glimmen bleek in de schemer; er ligt een vergeten vaatdoek, een borstel, een vork. Met mijn schouder duw ik de deur open, ik sleep mezelf naar binnen. Op de vloer liggen lege shampooflessen en knoedels roze wc-papier. Ik heb geen zin om in de spiegel te kijken en ga meteen een wc-hokje in. Doodstil probeer ik recht tegen de deur te staan. Langzaam ademen nu, het hout in de rug voelen, armen naar beneden laten hangen, stil.

Een kraan drupt. Geschuifel. Smakkende geluiden, gesnuif, een gesmoorde uitroep. Ik trek de wc door en sla met de deur maar blijf er stokstijf aan de binnenkant tegenaan staan. Ik moet het weten. Het is stil. Geluid komt slechts van buiten: de voetbalcommentator, het schreeuwen van het publiek, een knal van een vroege vuurpijl.

Duizelig ben ik, ik maak mijn broek los en ga op de bril zitten met mijn hoofd in mijn handen. Dan hoor ik het weer: giechelen, een schraperige stem, Gastel-Gobbel-Goey? Een douche gaat aan, een kind roept verrast, een man lacht. Het water klettert oorverdovend in de lege ruimte.

Kijk, ik zit hier 's avonds laat op de wc op een camping in Frankrijk. Ik ben hier met mijn vriend, we hebben vakantie, we wandelen overdag in de bergen en drinken 's avonds wat met de mensen die we tegenkomen. Ontspannen, uitrusten, niets bijzonders. Hij houdt van kinderen, hij kijkt graag hoe ze spelen en speelt graag mee. Ik ben wat stugger, ik ga niet zo makkelijk met mensen om. Hij hoeft zich niet steeds met mij te bemoeien, dat is lastig voor hem. Ik heb nooit ergens zin in. Ik heb het vroeger niet zo leuk gehad, maar daar praat ik nooit over want nu heb ik alles: een baan, een vriend, een kampeertent en wie weet een kind in mijn buik. Ik laat hem z'n gang gaan, hij heeft ook vakantie, hij moet kunnen doen wat hij wil. Maar wat wil hij? Hij wil zwetend op mij liggen, hij wil bloot in de zon zitten, hij wil bij de kinderen in het zwembad zijn.

Ineens zie ik het. Als hij vrijt met mij, denkt hij aan het meisje. Op elke nieuwe camping speurt hij de tenten af naar gezinnen met kleine kinderen. Ik denk dat hij met de moeder flirt, hij denkt aan het dochtertje.

Het lijkt of hij haar tegen een bal leert trappen maar het gaat om hoe haar benen onder het rokje verdwijnen. Dat is het. Als hij een kind wil is het niet voor ons. Voor hem.

Alle bloed is uit mijn hoofd getrokken en mijn keel is kurkdroog. Ik zou wel willen gillen maar ik kan geen enkel geluid meer maken. Ik weet dat ik moet verdwijnen, maar ik ben verlamd.

Vlekken in mijn broek. Vandaar die buikpijn. Weer niet, dus. Nadenken, een plan maken. Ik moet naar de tent, schone kleren aan, een trui pakken, paspoort, geld. En dan weg.

De lucht is klam en hangt in grijze slierten boven de warme mensenmenigte. Het televisiescherm toont in close-up het gezicht van een doodsbange man die met wilde blik in de verte staart. Zijn bovenlip is opgetrokken, tussen de snorharen glinsteren de tanden als bij een konijn. Dan opent hij zijn mond, hij schreeuwt en wijst met gehandschoende hand ergens heen, wanhopig.

Achter de mensen langs sluip ik naar de tent. Ik zie de scheerlijnen oplichten en zorg dat ik er niet over struikel. Op de tast vind ik een schone broek, verband, mijn gymschoenen, de portefeuille. Ik ga niet zitten nadenken, ik heb haast. Buiten juichen ze, maar de panische doelman zal wel huilen. Waar moet ik slapen, hoe kom ik thuis? Niet denken. Je moet naar de uitgang, je moet door het hek, je moet de smalle zwarte weg volgen door het dal, naar het noorden.

Mijn adem gaat snel en licht. Ik buig mijn knieën, rek mijn armen boven mijn hoofd alsof ik de spieren losmaak voor een hardloopwedstrijd. Mijn huid krimpt. Kippenvel.

Langs de dansvloer durf ik niet meer. Ik daal af naar het platje van de achterburen en sluip soepel langs het fornuis, om de caravan heen, naar het tegelpad dat uitkomt op de weg naar de slagboom.

Ik moet langs het washok. Gelukkig is de lamp stuk. Ik loop in het gras om geen geluid te maken. Er doemt iets op in het donker van de ingang, een groot lichaam, een enorme bultenaar. Ik houd mijn adem in en loop door, op mijn tenen. Mijn hand klemt zich in de broekzak om de bankbiljetten en de creditcard. Nog één lantaarn, dan het kantoortje en de uitgang. Het rolluik van het kantoor is neergelaten en er staat niemand in de telefooncel.

De bultenaar nadert het licht. Zijn bult is geen bult. Het is een kinderhoofd. Het grote, ronde hoofd van het jongetje, dat scheef tegen de schouder van de vader ligt. Ik sta stil, ik beweeg niet. Het kind kijkt me aan en lacht. Kasse-Kobbe-Koei, fluistert hij. De grote hand van de vader aait hem over het haar.

Langs de slagboom ren ik de weg op, langs de vuilnis-
bakken met hun vage vislucht, verder en verder van het
uitzinnig gejuich en het lawaai dat van de dansvloer
door het dal dreunt. Ik tel mijn voetstappen en pas mijn
ademhaling aan tot ik een ritme vind dat ik lang kan
volhouden. Er is geen maan, er zijn geen sterren.

Vuurpijlen en grote vonkenregens verlichten mijn
weg.

Verantwoording

Veel van deze teksten werden eerder gepubliceerd in *Hard gras*, voetbaltijdschrift voor lezers.